2025年版

ユーキャンの

保育士

はじめてレッスン

おことわり

■法令などの基準について

本書の記載内容について、2024年6月末日以降の法改正情報などで、2025年試験に関連するものについては、下記「ユーキャンの本」ウェブサイト内「追補（法改正・正誤）」にて、適宜お知らせいたします。

https://www.u-can.co.jp/book/information

はじめに

　本書は、生涯学習のユーキャンがそのノウハウを駆使し、「**わかりやすさ**」を第一に考えて編集・制作した保育士筆記試験合格のための入門書です。初学者はもちろんのこと、再受験者や、資格取得後ブランクのある方にとっても十分に役立つ内容になっています。

　本書では、**初学者が理解しづらいところを徹底的に分析し、過去の出題傾向に基づいて厳選した重要テーマを取り上げて**います。「基本を無理なく学べて、基礎力がしっかり身につく」というコンセプトを実現するために、本書では、特に次のような点に工夫をこらしています。

● 1 〜 2 か月で無理なく全体像が学べる！

　保育士試験は 9 科目あり、非常に広い範囲から出題されますが、1 日 2 〜 3 レッスンずつ読み進んでいけば、1 〜 2 か月で無理なく試験範囲の全体像が学べます。

● イラスト・図表・セリフをふんだんに使用！

　豊富な図解や、試験によく出るデータ類を取り上げた各コーナーで、イメージによる内容理解をいっそう深めることができます。わかりにくい法律の条文についてもキャラクターのセリフで要点を補足しています。

● 科目ごとの「ハリきってトライ！」が 知識の定着に役立つ！

　各科目の学習の仕上げとして、問題形式の「ハリきってトライ！」に取り組みましょう。基礎の確認から過去問レベルの問題まで、各レッスンで扱った内容や似た論点について復習できます。

本書の使い方

ハリ子
保育士を目指し勉強中。ちょっとトボケているがデータを読むのが実は得意。

はじめて保育士試験の学習をする方のために、本書ではさまざまな工夫をしています。

ふくろう先生
保育士試験指導のエキスパート。初学者にもわかりやすく教えてくれる。

STEP 1 冒頭のセリフを確認

そのレッスンで扱う内容をセリフで説明しています。最初にここを確認して、要点をおさえることからレッスンの学習を始めましょう。

STEP 2 本文を学習

本文では難解な表現を避け、初学者の方にもよくわかる説明をしています。加えて、豊富な図解、コラム、脚注などで、スムーズに学習が進む構成になっています。

イントロダクション

まずはイントロダクションを読みましょう。保育士について、文章とマンガで楽しくわかりやすく説明しています。

---

① 保育士ってどんな資格？

保育士資格ってどんな資格？

保育士とは、2003（平成15）年に国家資格となった、保育所などの施設においての保育を行う、地域の子育ての中心となる専門職です。保育士の資格については、「児童福祉法」では以下のように規定しています。

❶ 都道府県知事の指定する保育士養成校などを卒業した人
❷ 保育士試験に合格した人

皆さんは、これら保育士試験合格を目指すわけですから、見事試験に合格すると、❷にあてはまるので、養成校を卒業した人、あるいは保育士試験に合格した人が、都道府県知事の登録を受け、保育士登録証が交付されることではじめて「保育士」となることができます。

なお、保育士は名称独占資格なので、❶・❷のいずれかにあてはまる人以外は、「保育士」を名乗ってはならないと「児童福祉法」で定められています。これは、保育士への社会的信用を守るためなどです。

保育士ってどんなところで働いているの？

保育士が働いている福祉は、保育所だけではありません。「児童福祉法」で定められた、保育所を含む13種の児童福祉施設において、遊びや生活を支援する保育の専門家として働くことができるのです。また、近年保育のニーズが高まっているため、企業内の託児所や保育所ママなど、今後もさらに、活躍の場がますます増えることが見込まれています。

「児童福祉法」で定められた13の児童福祉施設
●助産施設 ●乳児院 ●母子生活支援施設 ●保育所 ●幼保連携型認定こども園 ●児童厚生施設 ●児童養護施設 ●障害児入所施設 ●児童発達支援センター ●児童心理治療施設 ●児童自立支援施設 ●児童家庭支援センター ●里親支援センター
※保育士の配置及び保育士資格での任用はありません。

保原 ▶ 教原 ▶ 社養 ▶ 子福 ▶ 社福 ▶ 保心 ▶ 保健 ▶ 栄養 ▶ 保実

レッスン 3 ★ 保育所の役割とは何か？

「保育所保育指針」の冒頭に出てくるのは、「保育所の役割」についてです。子どもたちを「養護」しながら、社会の一員として一人ひとりを尊重し、よい環境のなかで育てていくためにはどうあるべきか、その心がまえが書かれています。

① 保育所の役割

「保育所保育指針」では、まず冒頭に**保育所の役割**について詳しく述べています。

条文にチャレンジ!!　「保育所保育指針」第1章（1）保育所の役割

保育所は、児童福祉法第39条の規定に基づき、保育を必要とする子どもの保育を行い、その健全な心身の発達を図ることを目的とする児童福祉施設であり、入所する子どもの最善の利益を考慮し、その福祉を積極的に増進することに最もふさわしい生活の場でなければならない。

「保育を必要とする」という言葉は、「児童福祉法」や「子ども・子育て支援法」などでも用いられています。

②「保育を必要とする子ども」とは？

これまで保育所の役割については、「児童福祉法」第39条において、「保育に欠ける」乳幼児に保育を行うことを目的とする施設とされていましたが、

チェックくま
条文のポイントを教えてくれる。無表情だけどやさしい。

条文にチャレンジ!!

「保育所保育指針」などの条文にチャレンジするコーナーです。各条文のポイントを**チェックくま**がわかりやすく解説します。

ハリきってトライ！

各章の最後には、理解に役立つ○×式、穴うめ式のオリジナル問題「ハリきってトライ！」があります。これによって学習内容の理解度を確認するとともに、解けなかった問題は再度本文を読んでみましょう。

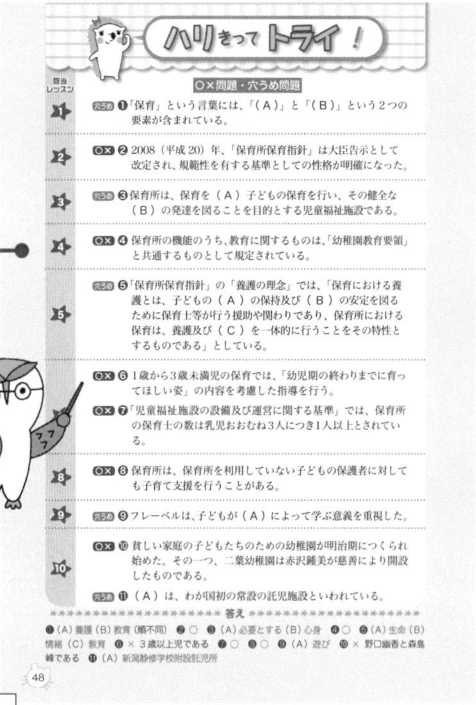

Let's Try !

各レッスンタイトルの上の科目は、略称で表示しています。

保育原理→保原	保育の心理学→保心
教育原理→教原	子どもの保健→保健
社会的養護→社養	子どもの食と栄養→栄養
子ども家庭福祉→子福	保育実習理論→保実
社会福祉→社福	

（右側の見本ページ）

ハリきって トライ！

○×問題・穴うめ問題

穴うめ 1 ①「保育」という言葉には、「（ A ）」と「（ B ）」という2つの要素が含まれている。

○× 2 ② 2008（平成20）年、「保育所保育指針」は大臣告示として改定され、規範性を有する基準としての性格が明確になった。

穴うめ 3 ③ 保育所は、保育を（ A ）子どもの保育を行い、その健全な（ B ）の発達を図ることを目的とする児童福祉施設である。

○× 4 ④ 保育所の機能のうち、教育に関するものは、「幼稚園教育要領」と共通するものとして規定されている。

穴うめ 5 ⑤「保育所保育指針」の「養護の理念」では、「保育における養護とは、子どもの（ A ）の保持及び（ B ）の安定を図るために保育士等が行う援助や関わりであり、保育所における保育は、養護及び（ C ）を一体的に行うことをその特性とするものである」としている。

○× 6 ⑥ 1歳から3歳未満児の保育では、「幼児期の終わりまでに育ってほしい姿」の内容を考慮した指導を行う。

○× 7 ⑦「児童福祉施設の設備及び運営に関する基準」では、保育所の保育士の数は乳児おおむね3人につき1人以上とされている。

○× 8 ⑧ 保育所は、保育所を利用していない子どもの保護者に対しても子育て支援を行うことがある。

穴うめ 9 ⑨ フレーベルは、子どもが（ A ）によって学ぶ意義を重視した。

○× 10 ⑩ 貧しい家庭の子どもたちのための幼稚園が明治期につくられ始めた。その一つ、二葉幼稚園は赤沢鍾美が慈善により開設したものである。

穴うめ 11 ⑪ は、わが国初の常設の託児施設といわれている。

答え

● (A) 養護 (B) 教育（順不同）　② ○　③ (A) 必要とする (B) 心身　④ ○　⑤ (A) 生命 (B) 情緒 (C) 教育　⑥ ×　3歳以上児である　⑦ ○　⑧ ○　⑨ (A) 遊び　⑩ × 野口幽香と森島峰である　⑪ (A) 新潟静修学校附設託児所

48

「保育を必要とする」という言葉は、次のように定義されています。

保育原理

チェックポイント 子どもが「保育を必要とする」と判断される主な条件

就業している　妊娠中または出産後　病気・けがの療養中　介護・看護に忙しい

③「子どもの最善の利益」とは何か？

「子どもの最善の利益」とは、国際的に子どもの権利を定めた条約である「児童の権利に関する条約（子どもの権利条約）」❶から引用された言葉です。

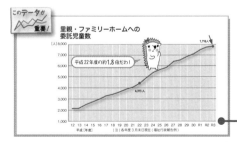

このデータが重要！

里親・ファミリーホームへの委託児童数

平成22年度の約1.8倍だわり！

6,876人　7,710人

（注）各年度3月末日現在（福祉行政報告例）

❶ 国連総会で1989（平成元）年に採択された条約で、わが国は1994（平成6）年に世界で158番目に批准している。

（右側の説明吹き出し）

チェックポイント

重要なポイントや文字だけではわかりにくい部分をイラストやチャートで覚えるコーナーです。

❶

本文中の用語を補足する脚注です。このマークが出てきたら脚注を確認して、知識を補強しましょう。

このデータが重要！

重要なデータを図や表で理解するコーナーです。ハリ子やふくろう先生のセリフでデータの読み方もバッチリ！

＊ここに掲載したページは、「本書の使い方」を説明するための見本です。

目次

イントロダクション

❶ 保育士ってどんな資格？

⭐ 保育士資格ってどんな資格？

保育士とは、2003（平成15）年に**国家資格**となった、保育所などの施設において子どもの保育を行う、**地域の子育ての中心**となる専門職です。保育士の資格については、「児童福祉法」では以下のように規定しています。

❶ 都道府県知事の指定する保育士養成校などを卒業した人
❷ 保育士試験に合格した人

皆さんは、これから保育士試験合格を目指すのですから、見事試験に合格すると、❷にあてはまるのです。養成校を卒業した人、あるいは保育士試験に合格した人が、都道府県知事の登録を受け、保育士登録証が交付されることではじめて「保育士」になることができます。

なお、保育士は**名称独占資格**なので、❶、❷いずれかにあてはまる人以外は、「保育士」を名乗ってはならないと「児童福祉法」で定められています。これは、保育士への社会的信用を守るためなのです。

⭐ 保育士ってどんなところで働いているの？

保育士が働いている場所は、保育所だけではありません。「児童福祉法」で定められた、保育所を含む**10種の児童福祉施設**において、遊びや生活を支援する保育の専門家として働くことができます。また、近年保育のニーズが高まっているなか、企業内の託児所や保育ママなど、今後もさらに、活躍の場がますます増えることが見込まれます。

「児童福祉法」で定められた13の児童福祉施設

①保育所
②幼保連携型認定こども園
③助産施設 *
④乳児院
⑤母子生活支援施設
⑥児童厚生施設
⑦児童養護施設
⑧障害児入所施設
⑨児童発達支援センター
⑩児童心理治療施設
⑪児童自立支援施設
⑫児童家庭支援センター *
⑬里親支援センター *

* 保育士の配置及び保育士資格での任用はありません。

1. 今日は保育士の資格と仕事について勉強していきます。
はーい

5. 保育士は立派な国家資格。保育士養成学校の卒業や保育士試験に合格する必要があります。
卒業
試験

2. まずは、保育士の資格について
ハリ子ちゃんはどうすれば資格を取れるか知っていますか？

6. それに保育士が働く場所は保育所とは限りません。
と、言うことは…
チューリップ
…こんな場所とか？

3. 保育所の面接に合格すればなれます！
悪い子もハリ子のハリで一撃です！
面接
はい！

7. 幼保連携型認定こども園、乳児院、母子生活支援施設、児童厚生施設、児童養護施設、障害児入所施設、児童発達支援センター、児童心理治療施設、児童自立支援施設
などほかの施設でも働くことができます

4. それは違います！
？

8. この他にも、企業内の託児所や保育ママなどでも保育のニーズが高まってきています。
保育士が活躍する場はこれからも増えていくんですね。

② 保育士さんに話を聞いてみよう

実際にどんな仕事をするのかについて現役の保育士さんにお話を伺ってきました。

千葉市の市立保育所の保育士、大澤愛実と申します。大学の児童学科を卒業し、保育士として認可保育所に就職して2年目です。まだまだ未熟ですが、専門性を高めようとがんばっています。子どもが何かに挑戦して成功したことを一緒に喜ぶ瞬間はもちろん、毎朝子どもたちが私を見て笑顔になる瞬間にも、大きなやりがいを感じます。

※取材当時の情報です。

★ どうして保育士になったのですか？

もともと小さい子どもが好きでしたが、進路を決めるきっかけになったのは、高校生のときの文化祭です。私が所属をしていたクラスの出し物に、小さい子どもたちが集まってくれて、一緒に楽しく遊んでいるうちに、「子どもに関係する仕事に就きたい」と思うようになりました。高校卒業後は、4年制大学の児童学科に進みました。卒業と同時に、大卒資格のほかに、保育士と幼稚園教諭の資格が取れるタイプの学校です。

幼稚園教諭ではなく保育所の保育士になった理由は、お世話する子どもの年齢の幅が広いことと、保育で地元の人の役に立ちたかったからです。公務員試験を受けて、地元の千葉市に保育士として採用されました。

★ 1年目はどのような感じでしたか？

1年目は、1歳児のクラスを担当しました。認可保育所では、たいてい複数の保育士で1クラスを受け持ちます。ほかに延長保育を担当する非常勤の先生や、担任をもたないで、人手が足りないクラスをサポートするフリーの先生がいて、みんなで子どもの情報を共有しながら保育を進めます。

はじめは私だけが何もできない状態でした。学生時代の実習で現場を経験していましたが、何をやるのも自分だけぎこちなく、時間がかかりました。1歳児クラスの子どもたちは、まだ自分では何もできないので、食事の介助やおむつを替えたり、お世話することがたくさんあります。1つのことに手

間取ってしまうと、「次はあれをやらなきゃいけないのに」と焦ってしまいます。でも、先輩を真似していくうちに、少しずつ手早くできるようになり、多少手間取ったとしても落ち着いていられるようになりました。

1歳児の場合には、食事の介助やおむつ替えなど、たくさんの仕事があるのね。新人なのに大変ね！

⭐ 保育士の仕事を「難しい！」と感じたことは？

1歳児クラスでは、**子どもと言葉を使ったコミュニケーションをとることが難しく**、はじめは「この子はどうして泣いているの？」と、とまどってしまう場面が多くありました。例えば、食事中に突然子どもが激しく泣き出しても、おしゃべりができないので、理由が全然わからないのです。「この食べ物が嫌いなのかな？」「おなかが痛いのかな？」と心配しながら抱っこをしてみると、その子がすっと眠ってしまい、「そうか、この子は眠いときには食事中でも泣くんだな〜」とわかって、ひと安心でした。

子ども一人ひとりの特徴をつかんで、保育を行っていくことが大切なんですね。

それから、文章を書く仕事も、想像以上に大変です。保育士の仕事のメインは、子どもと遊んだり、活動に取り組んだりすることですが、**文章を書く仕事もけっこうあります**。クラスの子どもたちとやり取りするそれぞれの日誌、その月の保育目標や活動予定を書く「月案」、お便りなど、毎日何かを書

いています。

　私は文章を書くのがあまり得意ではないので、**先輩が書いたものや、書籍を参考にして**、なるべく効率的に書くことを心がけています。書類はほとんどパソコンで作成するので、保育士を目指す人も、**パソコンの基本的な操作**はできるようになっていたほうがいいかもしれません。

　また、ほかの仕事と同じように、**社会人らしい言葉づかいができることが**必要です。私も1年目にベテランの先生から、保護者の方に信頼していただくためにも、きちんとした文章が書け、正しい敬語が使えることは大切だと教えられました。

　私はもともと造形の勉強が好きだったのですが、それは実際の現場でも役に立っています。保育士になるためにした勉強で、現場で「必要なかった」と思うものはありません。むしろもっと勉強して、自分の引き出しを増やしておけばよかったと思っています。

⭐ 保育士のやりがいって？

　子どもの成長を見られるのはもちろん嬉しいことです。何かに挑戦していた子どもが、できるようになったときの嬉しそうな顔を見ていると、私まで誇らしくなります。でも、特別なことが何もなくても、朝、担当する部屋に入ったときに子どもたちが「先生、おはよっ！」って**ニコニコ笑顔**で駆け寄ってくれるだけで、本当に嬉しくて、**「保育士になってよかった！」**と思ってしまいます。ちょっと疲れていても、その笑顔を見たら、疲れを一気に忘れるくらいです。

　また、子どもたちは保育士の真似をするので、影響力の大きさも感じます。保育士としての専門性を高めると同時に、子どもたちによい影響を与えられるよう、一人の人間として向上していきたいと思います。

これから保育士を目指す人にメッセージをお願いします。

大変なときもありますが、やりがいや達成感もあり、成長できる仕事です。がんばってください！

登所し、着替えて今日の活動の準備。

朝の延長保育を担当している先生（非常勤職員）と、情報の引き継ぎ。

9：00　クラスの部屋に移動。子どもたちのようすをさりげなくチェックしながら、子どもたちと楽しく活動や自由遊び。

> 子どもたちが毎朝ニコニコ笑顔であいさつをしてくれます。

11：30　昼食の準備をして、子どもたちと一緒に食事。

> 子どもたちの手本になるように、食事中は箸の使い方や姿勢に気をつけるのだそうです。

12：30　お昼寝の準備。

13：00　お昼寝のようすを見守りながら、お便りや保育日誌など。

> その間に職員室でちょっと休憩しながら、ほかの先生と情報交換。

15：00　おやつ。

15：50　ホームルームで、絵本やパネルシアターなどで子どもたちを楽しませた後、今日1日をクラスみんなで振り返る。

16：30　自由遊びを見守りながら、延長保育を担当する先生に引き継ぎ。

17：00　職員会議。

> 定例の職員会議のほか、障害のある子どもの保育を話し合うための会議、行事のためのミーティングなどがあるのだそうです。

17：30　勤務時間が終了。

③ 保育士試験ってどんな試験?

⭐ 保育士の受験資格は?

保育士試験の主な受験資格は以下のとおりです。

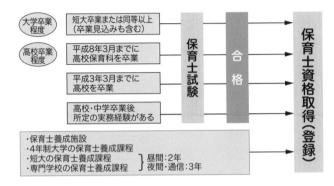

⭐ どんな科目を学習するの? 出題数は?

保育士試験は、筆記試験と実技試験に分かれています。

筆記試験では、9科目の試験を2日間に分けて行います。問題数は、教育原理と社会的養護だけが10問(2科目で1セット。両方が合格ラインに達していないと2科目とも不合格になる)で、ほかはすべて20問です。解答方法は、すべて**マークシート方式**で、選択肢の中から正しいものを1つ選択する「択一式」です。

■筆記試験の科目

保育の心理学(60分)	保育原理(60分)	子ども家庭福祉(60分)	社会福祉(60分)
20問	20問	20問	20問

教育原理(30分)	社会的養護(30分)	子どもの保健(60分)	子どもの食と栄養(60分)	保育実習理論(60分)
10問	10問	20問	20問	20問

筆記試験の全科目に合格すると、実技試験に進むことができます。実技試験では、次の表にある**3つの分野から2つ**を選択して受験します。

※本書は筆記試験対策の学習内容となっています。

■実技試験の科目

	内容
音楽に関する技術	子どもたちと歌を歌うイメージで、課題曲を楽器（ピアノ、ギター、アコーディオンのいずれか）で演奏しながら歌を歌う。
造形に関する技術	保育所での活動や生活の場面を、紙に色鉛筆などで描く。
言語に関する技術	子どもたちの前でお話をするイメージで、指定された昔話などを課題となる年齢にふさわしいように話す。

⭐ 保育士試験はいつ行われるの？

　平成27年試験まで8月上旬に筆記試験、10月中旬に実技試験が実施されてきましたが、平成23年、平成24年、平成26年試験において、台風の影響で筆記試験が延期される府県がありました。これを考慮して平成28年試験からは筆記試験が**4月（前期）・10月（後期）**、実技試験が**7月（前期）・12月（後期）**の年2回に変更されました。

　また、「国家戦略特別区域法及び構造改革特別区域法の一部を改正する法律」が成立し、**地域限定保育士制度**が創設されました。この制度は、後期保育士試験を自治体が地域限定試験として実施し、合格した人にはその地域だけで3年間有効となる「地域限定保育士資格」を与えるというものです。登録してから3年後には、全国で通用する保育士資格となります。自分が受験する自治体がこの制度を採用しているかどうかを確認しておきましょう（神奈川県については、8月に独自の地域限定保育士試験を実施しています）。

保育士不足を解消するために、試験制度はいま変革のときにきています。保育士試験事務センターのホームページをこまめにチェックしましょう。
https://www.hoyokyo.or.jp/exam/

⭐ 何点取ったら合格できるの？

　筆記試験の合格ラインは、**全科目とも6割**です。もしすべての科目が6割以上なら、実技試験に進むことができます。しかし、筆記試験で1科目でも6割未満の科目があった場合は、実技試験の受験はできません。

　しかし、保育士試験は**3年間で合格できればよい**というシステムになっていて、一度合格した科目は、翌々年の回まで試験を**免除**されます。そのため、

はじめから 2 年かけて筆記試験に合格するつもりで、1 年目はこの科目、2 年目はこの科目、と科目を分けて勉強している人もいます。

⭐ 筆記試験ではどんな問題が出るの？

　筆記試験で 1 問に使える時間は最大 3 分です。じっくり考える時間はありませんが、過去問題や予想問題を解き、出題のパターンに慣れていると、短い時間で正答できる可能性が高まります。

■出題例：保育に関する知識を問われる問題

　次の文は、「保育所保育指針」第 5 章「職員の資質向上」の一部である。(a) 〜 (e) の下線部分が正しいものを○、誤ったものを×とした場合の正しい組み合わせを一つ選びなさい。

　子どもの最善の利益を考慮し、(a) 環境に配慮した保育を行うためには、職員一人一人の (b) 倫理観、人間性並びに保育所職員としての職務及び責任の理解と自覚が基盤となる。

　各職員は、(c) 自己評価に基づく課題等を踏まえ、保育所内外の (d) 研究等を通じて、保育士・看護師・調理員・栄養士等、それぞれの職務内容に応じた専門性を高めるため、必要な知識及び (e) 技術の修得、維持及び向上に努めなければならない。

（組み合わせ）

	a	b	c	d	e
1	○	○	○	○	×
2	○	×	×	○	○
3	○	×	×	×	○
4	×	○	○	×	○
5	×	×	○	○	×

（令和 4 年前期「保育原理」より　正答 4）

　この問題は、これからのレッスンで学習していく「保育所保育指針」に関する問題です。「保育所保育指針」は、保育所保育において重要なガイドラインのため、複数の科目で出題されますので、十分に理解しましょう。

試験日は4月の下旬（後期は10月下旬）の2日間なので、そこから逆算して実現可能な学習計画を立てましょう。

⭐ 効果的な学習方法は？

保育士試験に合格するためには、学習スケジュールを立てることが大切です。

❶全体像の把握期	❷インプット中心期	❸アウトプット中心期 （過去問題中心）	❹総まとめ期 （予想問題中心）
1～2か月	3～5か月	2～3か月	1か月

各時期にやるべきことと、おすすめ教材の参考をあげておきます。

> **❶ 全体像の把握期**……本書『はじめてレッスン』を一通り読んで、各科目の要点をつかむ（1日2～3レッスンを目安とする）。

> **❷ インプット中心期**……学習のメインとなる基本テキスト『ユーキャンの保育士速習テキスト（上）（下）』を読む。レッスン末の「ポイント確認テスト」を解き、わからない問題があったら、該当のレッスンに戻り、**わかるまで何度も繰り返し読む。**

> **❸ アウトプット中心期**……過去問題などを中心とした、問題演習の時期。『ユーキャンの保育士過去＆予想問題集』で、テーマ別の過去問題を解き、インプット学習で蓄積した知識を確認。弱点を洗い出し、復習をしたら予想模試で腕試しをする。

> **❹ 総まとめ期**……❸の予想模試で誤った部分を理解し、学習の総仕上げを行う。『ユーキャンの保育士これだけ！一問一答＆要点まとめ』で問題を解きながら、受験する年の**法改正情報**についても確認する。

　保育士試験のための基本テキストである、『ユーキャンの保育士速習テキスト』は、上巻には**保育原理・教育原理・社会的養護・子ども家庭福祉・社会福祉**が、下巻には**保育の心理学・子どもの保健・子どもの食と栄養・保育実習理論**が掲載されています。本書で各科目の要点をつかんだ後の学習に進むテキストとしておすすめです。

④ 申し込み方法と筆記試験当日の流れは？

⭐ 試験の申し込み方法

受験者は、**オンラインか郵送のどちらかの方法で受験申請します。**

〈オンライン〉	〈郵送〉
証明書等を準備する	受験申請の手引き請求
⬇	封書を2通用意し、郵送分の切手を貼り投函（手引きの請求日から到着まで約5日〜10日）
マイページ登録を行う（初回のみ）	⬇
全国保育士養成協議会のホームページから登録する（https://www.hoyokyo.or.jp/exam/）	申請書の記入・写真貼付
⬇	・受験申請書へ記入
マイページから受験申請する	・顔写真貼付、証明書等準備
・個人情報確認	⬇
・顔写真・証明書等のアップロード	受験手数料の支払
・受験申請地等の選択	専用の振替振込用紙で郵便局の窓口にて受験手数料を払い込み（ATM使用不可）
⬇	⬇
受験手数料の支払	振替払込受付証明書貼付
クレジットカードまたはコンビニエンスストアでの支払	・申請書裏面に振替払込受付証明書を貼付
⬇	・郵便局の窓口にて簡易書留にて郵送
申請手続き完了	⬇
登録したアドレスに受付完了メールが届く	申請手続き完了

令和5年試験から、オンラインによる受験申請が開始されました。

⭐ 筆記試験当日の流れ

筆記試験は**4月下旬（後期は10月下旬）、2日間**かけて行われます。当日は**公共交通機関を利用し、**余裕をもって指定された会場へ向かいましょう。**昼食は各自持参します。**

郵送申請の場合、筆記試験結果通知書が郵送され、合格または一部科目合格の場合は、後日**合格通知書・一部科目合格通知書が届きます。**オンライン申請の場合は郵送されず、いずれも**マイページで確認できます。**

絵でつかむ
保育士試験科目関連図

子どもの
保健

子どもの
食と栄養

子どもの
健全な発達・
発育グループ

動物の位置が近いものほど関連の
ある科目を表しており、まとめて学
習すると理解しやすくなっています。

保育の心理学＋子どもの保健＋子どもの食と栄養
子どもの健康な心身の発達のために必要なことを
学びます。適切な保育・養育のあり方や医療・行
政との連携についてもここで扱います。

保育の
心理学

施設における
養護
グループ

保育実習
理論

社会的
養護

保育実習理論＋社会的養護
子どもを預かるという業務に就くときには切
り離せない、施設での養護の決まりと内容を
主に扱っています。科目名だけでは関連があ
まりなさそうに見えますが、保育実習理論で
は社会的養護とも関連の深い、保育所での活
動や施設の基準についても扱っています。

これは保育士試験
の各科目を大きく4
つに分けた図です。

子どもの健全な
発達・発育に必要
な施策グループ

社会福祉

子ども
家庭福祉

子ども家庭福祉＋社会福祉（＋社会的養護）
子どもの権利や親子への支援など、育ちに必
要な社会的環境についての規定を国の内外を
問わず扱っています。

保育原理

科目動物園入口

保育所保育指針

保育現場に
必要な基礎的
理論グループ

教育原理

保育原理＋教育原理（＋保育実習理論）
教育の歴史や変遷、現代の保育課題やその
対応まで広く保育の基礎理論を扱う科目で
す。常識的なことからトラブル対応などの
応用的な技術までがギュッと詰まったグ
ループといえます。

科目別 学習のポイント

保育原理

保育士にとって最も重要な科目です。特に「保育所保育指針」は、保育の現場で遵守（じゅんしゅ）あるいは参考にする指針のため、例年問題数の1/2近くの出題がみられます。令和6年（前期）では原文あるいは原文に沿った出題が12問を占めていました。また事例問題のように「保育所保育指針」に示された考え方に沿って答えを導き出す問題もあり、合格するためには欠かすことができない指針です。原文を繰り返し読むことが必須の学習ポイントです。幼児教育に功績を残した人々や世界各国の保育施策や幼保連携型認定こども園の現状についても理解しましょう。

教育原理

教育者の考え方や教育に関する歴史、「教育基本法」「学校教育法」「幼稚園教育要領」などが特に重要です。教育者の思想や教育方法の特徴、教育に関する歴史は「保育原理」でも出題されることがありますから、共通項目として学習しましょう。また、「幼稚園教育要領」「保育所保育指針」「幼保連携型認定こども園教育・保育要領」の関連性についても注意が必要です。さらに、今後の教育の在り方や道徳、学習の評価方法、外国の教育制度、いじめなどの問題について理解しておきましょう。

社会的養護

要保護児童などを養護する社会的養護に関する出題が例年多くを占め、「児童養護施設運営指針」など各施設や里親等の運営・養育指針からの出題があります。また、「社会的養育の推進に向けて」、里親、小規模住居型児童養育事業、「児童養護施設入所児童等調査結果」については必須です。養子縁組制度についても把握しておきたいところです。「児童福祉施設の設備及び運営に関する基準」の職員配置、施設職員に求められるソーシャルワーク技術についても覚えておくとよいでしょう。

子ども家庭福祉

子ども家庭福祉の理念や制度、歴史、「児童の権利に関する条約」など児童に関する条約や宣言、「児童福祉法」や「児童虐待防止法」、「こども基本法」など子ども家庭福祉関連法を確実に理解しておくことが大切です。また、里親制度などが社会的養護との共通項目であることもおさえておきましょう。DVや児童虐待についての対応が問われる出題がみられます。「福祉行政報告例」の児童虐待相談経路について理解しておきましょう。また、子ども・子育て支援新制度やこども家庭庁についても確実に理解しておきましょう。少子化対策に関する内容や児童福祉施設に関する出題もみられます。理解を深めておきましょう。

社会福祉

子ども家庭福祉との関連が深い科目です。各種社会福祉関連の法律を理解しておくことがポイントです。わが国の人口の状況、ひとり親家庭、低所得者、高齢者、障害者に関する福祉、子どもの貧困についても理解しておきましょう。年金、医療、介護などの社会保険の仕組みについてもよく出題されます。また、社会福祉施設の職員や第三者評価、苦情解決の仕組み、相談援助技術などについてもよく出題されます。相談援助で用いられる用語の意味も含めて学習しておきましょう。

保育の心理学

生まれてから老年になるまでの心理の発達がもととなる科目です。保育の対象となる乳幼児の心理発達、愛着関係、知能発達、社会や人との関わりなどが出題の中心ですが、エリクソンの生涯発達理論、ピアジェの認知発達理論、ブロンフェンブレンナーの生態学システム論や思春期～老年期の心理発達も確実に理解しておくとよいでしょう。また、文章から関連の深い言葉を選ぶ問題も出題されます。心理学用語の意味をつかんでおきましょう。保護者や子どもへの保育士として適切な対応についても考えられるようにしておきましょう。

子どもの保健

保育所での保健対策、安全管理などに関する科目です。子どもの生理機能や感染症対策、室内環境の整備、疾患や虐待への対応などを確実に理解しておきましょう。アレルギー、事故防止対策については「保育所におけるアレルギー対応ガイドライン」「教育・保育施設等における事故防止及び事故発生時の対応のためのガイドライン」をそれぞれ確認しておくことが大切です。身体計測の方法や評価方法なども覚えておきましょう。この科目でも「保育所保育指針」の「健康及び安全」など生命や健康に関する内容を理解しておくことが大切です。

子どもの食と栄養

保育所では、原則として昼食と間食を提供しているため、食と栄養に関する科目も重要です。「日本人の食事摂取基準」「授乳・離乳の支援ガイド」「乳幼児栄養調査結果」「食生活指針」、食物アレルギー、母乳栄養、状態に応じた食事提供などについて理解しておきましょう。五大栄養素についてもよく出題されます。糖質、たんぱく質、脂質、ミネラル、ビタミンについて知っておきましょう。「日本人の食事摂取基準」を学習する際には、乳幼児、学童、思春期、妊婦・授乳婦を中心として学習してから、ほかの年齢についても学習していくとよいでしょう。

保育実習理論

保育の現場で欠かせない科目です。音楽、造形、言語の実技に関して確実に把握しておきましょう。楽典については必須項目ですが、理解するまでに少し時間がかかります。時間をかけて少しずつ理解しましょう。童謡のメロディーにあわせた伴奏付けや童謡のリズム譜にも慣れておきましょう。言語については、絵本の題名と作者、読み聞かせの留意点などを理解しておきましょう。また、造形では、切り紙などについてイラストから判断する問題が出題されることがあります。実際の試験問題にふれ、頭の中でイメージして考えられるようにしておきましょう。

第**1**章

保育原理

レッスン 1 保育とは何か？

さあ、これから一緒に保育士試験の勉強を始めましょうね！

まずは、試験の基本となる「保育」とは何かということについて、法律ではどのように定義されているのかを勉強します。

❶「保育」とは何か？

　「保育」とは、広い意味では乳幼児期❶の子どもを育てることをいいます。それでは、「保育」と同じように用いられる言葉である、「育児」とはどう違うのでしょうか。「育児」とは、一般に、**家庭における保育**のことをいいます。それに対して「保育」は、**保育所や幼稚園における集団保育**のことをいいます。

　つまり、**子育てが行われる場所によって**、使い分けられているのです。

❷「保育」に含まれる２つの要素とは？

　「保育」という言葉には、「養護」と「教育」という２つの要素が含まれています。「養護」とは、**子どもの健康と成長を守る**、世話をするということです。「教育」とは、言葉やマナーなど、**人間が生きていくために必要な能力や知識を学ぶ**ということです。

　保育所保育における内容や方法を示したガイドラインである「**保育所保育指針**」では、この**「養護」と「教育」は一体的に行うものである**、としています。それはなぜでしょうか。

　大人が子どもの世話をするとき、子どもは、大人の表情や言葉からさまざまな情報を受け取り、学習します。また、人間の子どもは未熟な状態で生まれてきますので、世話をしながら、教育していくことになります。

チェックポイント　養護と教育の一体性

表情・言葉などの情報

養護　世話

教育　世話

マナーや言葉

教育をしながら世話　　　世話をしながら教育

❸ 保育の基本的な理念とは？

　子どもの健やかな成長を支援するために制定された法律である「**児童福祉法**」では、保育についての基本理念が次のように示されています。

条文に
チャレンジ!!　　　　　　「児童福祉法」

第１条　全て児童は、児童の権利に関する条約の精神にのっとり、適切に養育されること、その生活を保障されること、愛され、保護されること、その心身の健やかな成長及び発達並びにその自立が図られることその他の福祉を等しく保障される権利を有する。

第２条　全て国民は、児童が良好な環境において生まれ、かつ、社会のあらゆる分野において、児童の年齢及び発達の程度に応じて、その意見が尊重され、その最善の利益が優先して考慮され、心身ともに健やかに育成されるよう努めなければならない。

　　２　児童の保護者は、児童を心身ともに健やかに育成することについて第一義的責任を負う。

　　３　国及び地方公共団体は、児童の保護者とともに、児童を心身ともに健やかに育成する責任を負う。

---

❶ 乳児は満１歳に満たない子ども。幼児は満１歳から小学校就学の始期に達するまでの子ども。

レッスン 2　「保育所保育指針」とは何か？

小さな子どもの命を預かる「保育」には、たくさんの決まり事があるのですね。

そのとおり。保育の内容や、保育所の運営について詳しく述べられている「保育所保育指針」は、保育士になるためには必ずおさえておかなければなりません。

❶「保育所保育指針」の成り立ち

　「保育所保育指針」は、保育所での**保育内容の向上・充実を図るためにつくられた指針（ガイドライン）**です。保育とは、本来、各保育所が掲げる理念や目標に沿い、それぞれの持ち味、さらに地域の特性などを生かしながら行われるものです。しかし、その一方で、わが国のすべての子どもの健康や安全、発達を保障するためには、**全国共通の枠組み**が必要だと考えられました。これまでの「保育所保育指針」は、保育の水準を保つ目安として厚生労働省が策定していましたが、**2023 年 4 月にこども家庭庁が発足したのに伴い、今後の改定はこども家庭庁が行います。**

❷ 時代に合わせて改定される「保育所保育指針」

　「保育所保育指針」は**1965（昭和 40）年**に制定され、1990（平成 2）年、1999（平成 11）年、2008（平成 20）年、**2017（平成 29）年**と 4 度の改定が行われました。このように内容が改定されるのは、「幼稚園教育要領」との整合性を図り、**子どもや家庭を取り巻く今日的な問題**に対応するためです。

　近年、共働きの家庭の増加や、保護者やその家族の病気、離婚によるひとり親家庭の増加などにより、**保育を必要とする**子どもたちが増えています。また、特に都市部では、遊び場の減少により子どもたちが集団で遊ぶ機会が減少しています。さらに、核家族❶が増えたことにより、保護者自身も子育

てに関する不安や悩みを相談できる人がいないままに地域で孤立し、その結果、家庭での**子育て力が低下**しているといわれています。

❸ 近年の改定で重視されていること

　このような背景を受けて、2008（平成20）年の改定では、子どもとともに**保護者に対する支援**、地域における子育て支援に力を入れることが盛り込まれました。また、**小学校と積極的に連携をとる**ことも定められました。具体的には、情報共有のため、小学校就学の際に保育所が子どもの育ちを支えるための資料を小学校に送付することとしています。

　保育の領域が広がれば、その質を確認することも必要になります。改定により、保育所では保育計画や内容について振り返りを行い、また保護者の意見を聞くなどして、自己評価や見直しをしながら専門性を身につけ、**保育の質を高める**努力をすることが定められました。また、2008（平成20）年の改定により、「保育所保育指針」は**大臣告示**となりました。これにより、「保育所保育指針」は**法的拘束力**をもつことになったということも重要です。

　「保育所保育指針」は、平成29年にも改定され、平成30年度から施行されています。この改定では、保育所保育と小学校教育との円滑な接続を図るため**「幼児期の終わりまでに育ってほしい姿」**が示されました。これは、「幼稚園教育要領」「幼保連携型認定こども園教育・保育要領」とも共通する内容です。

---

❶ 夫婦のみの世帯、または夫婦と未婚（非婚）の子のみの世帯、ひとり親と未婚（非婚）の子のみの世帯をいう。

レッスン 3 保育所の役割とは何か?

「保育所保育指針」の冒頭に出てくるのは、「保育所の役割」についてです。子どもたちを「養護」しながらも、社会の一員として一人ひとりを尊重し、よい環境のなかで育てていくためにはどうあるべきか、その心がまえが書かれています。

❶ 保育所の役割

　「保育所保育指針」では、まず冒頭で**「保育所の役割」**について詳しく述べています。

> **条文に チャレンジ!!** 「保育所保育指針」第1章(1)保育所の役割
>
> 保育所は、児童福祉法第39条の規定に基づき、保育を必要とする子どもの保育を行い、その健全な心身の発達を図ることを目的とする児童福祉施設であり、入所する子どもの最善の利益を考慮し、その福祉を積極的に増進することに最もふさわしい生活の場でなければならない。

「保育を必要とする」という言葉は、「児童福祉法」や「子ども・子育て支援法」などでも用いられています。

❷ 「保育を必要とする子ども」とは?

　これまで保育所の役割については、「児童福祉法」第39条において、「保育に欠ける」乳幼児に保育を行うことを目的とする施設とされていましたが、

2015（平成27）年施行の「児童福祉法」より、「**保育を必要とする**」に変更されました❶。またそれにともない、「保育を必要とする」という言葉の定義が、新たに「**子ども・子育て支援法施行規則**」第1条の5に定められました。ここでは、①保護者が仕事に就いていること、②妊娠中・出産後間がないこと、③心身の病気や障害・けがの治療中であること、④同居の親族を常時介護・看護していること、⑤震災など災害の復旧に当たっていること、⑥求職活動中、⑦就職のために学校に通学していること、⑧虐待やＤＶのおそれがあること、⑨育児休業取得時にすでに保育を利用していること、①～⑨に類すると市町村が認める事由、が定義されています。

チェックポイント 子どもが「保育を必要とする」と判断される主な条件

就労している

妊娠中 または 出産後

病気・けがの療養中

介護・看護に忙しい

❸「子どもの最善の利益」とは何か？

「**子どもの最善の利益**」とは、国際的に子どもの権利を定めた条約である「**児童の権利に関する条約**」（「**子どもの権利条約**」）❷から引用された言葉です。保護者やまわりの大人の利益が優先されてはならない、**子どもの人権**が尊重されなければならないということを示しています。

子どもは大人の事情に左右されることなく、健やかに**生きる権利**、虐待や差別から**守られる権利**、休んだり遊んだりしながら自分らしく**学ぶ権利**、自発的に**活動する権利**をもっているという意味です。

❶「保育所保育指針」では2017（平成29）年改定から「保育を必要とする」に変更された。
❷ 国連総会で1989（平成元）年に採択された条約で、わが国は1994（平成6）年に世界で158番目に批准している。

レッスン 4 保育所と幼稚園の違いは何か？

小学校にあがる前に、保育所ではなく幼稚園に通う子どももいますが、この2つはどう違うのでしょう？

違うところもあれば、共通点も多くあります。では、比較しながらみていきましょう。

❶ 保育所と幼稚園の違い

　保育所は、児童養護施設や乳児院❶などと同じ**児童福祉施設**の1つで、**こども家庭庁**の所管です。一方、幼稚園は「**学校教育法**」で定められた**文部科学省**の所管による**教育機関**です。

　保育所と幼稚園の違いは、次のとおりです。

	保育所	幼稚園
所管	こども家庭庁	文部科学省
社会的役割	児童福祉施設	教育機関
必要な資格	保育士資格	幼稚園教諭免許
保育・教育時間	原則8時間（最大11時間）	4時間（基準）
対象	保育を必要とする乳児・幼児・そのほかの児童	原則として満3歳以上から小学校就学前までの幼児
保育・教育内容	「保育所保育指針」（教育に関する内容は「幼稚園教育要領」と共通）	「幼稚園教育要領」

　保育所のほうが幼稚園よりも**保育時間が長い**のは、前の項でも述べたように、保育所が「保育を必要とする子ども」のための施設であるからです。

　「原則として8時間」とされていますが、保護者のニーズに応じて、通常の時間を超えて子どもを預かる**延長保育**を行うケース、変則的に子どもを預かる**一時保育**というサービスを行っている保育所もあります。

❷ 保育所と幼稚園との共通点

　幼稚園は、幼児期の特性を踏まえ、人格形成の基礎、義務教育の基礎を培（つちか）うことを目的とした教育機関と定義づけられています。0歳児から入所可能である保育所とは成り立ちが異なります。

　しかし、「**保育所保育指針**」と「**幼稚園教育要領**」は、**生きる力の基礎を育てる、自然体験・社会体験の重視、一人ひとりの発達過程に応じた保育、言語力の育成**など、保育（教育）の内容について、両施設共通の形をとっています。

　これまでは管轄が異なるために保育所と幼稚園の間には距離がありましたが、近年は地方分権推進委員会や文部科学省によって、両者の連携を図る動きが進んでいます。合同行事を行ったり、幼稚園で時間外保育が実施されるなど、その関係は深くなってきています。

❸ 保育所と幼稚園との関係における新しい動き

　保育所への入所を待っている子どもを**待機児童**といいます。国はさまざまな対策を行っていますが、都市部を中心に依然として多くの待機児童がいます。そのような状況から、地域の保育所と幼稚園の連携が進んでいます。

　2006（平成18）年に「就学前の子どもに関する教育、保育等の総合的な提供の推進に関する法律」（通称：認定こども園法）が施行され、**保育所と幼稚園の両方の機能をもつ認定こども園**が小学校入学前の子どもの教育・保育・子育て支援を一体的に提供する施設として生まれました。保育所の待機児童を幼稚園で受け入れ可能とする、専業主婦家庭の子どもでも保育所に入所できるなど、柔軟な仕組みをもっています。

　また、2015（平成27）年4月には、「子ども・子育て関連3法」❷が施行され、**子ども・子育て支援新制度**がスタートしました。これに伴い、「教育基本法」に基づく学校、「児童福祉法」に基づく児童福祉施設として両方の機能をもつ**幼保連携型認定こども園**が創設されました。幼保連携型認定こども園の所管はこども家庭庁であり、保育・教育については「幼保連携型認定こども園教育・保育要領」に従うことが定められています。

---

❶ ともに保護者のない児童、虐待されている児童などを養育、援助する施設。❷「子ども・子育て支援法」「就学前の子どもに関する教育、保育等の総合的な提供の推進に関する法律の一部を改正する法律」「子ども・子育て支援法及び就学前の子どもに関する教育、保育等の総合的な提供の推進に関する法律の一部を改正する法律の施行に伴う関係法律の整備等に関する法律」の3法。

レッスン 5 保育のねらい・内容とは何か？

子どもは保育所で、いろいろな経験を
することが期待されているのですね。

そうです。保育の内容はきちんと
計画されていて、何をねらいとす
るかが考えられているのですよ。

❶ 保育の「ねらい」と「内容」

「保育所保育指針」では、保育とは**養護**と「**教育**」という2つの要素を一体的に行う営みとしています。「養護」と「教育」、それぞれの目標を達成するために「保育の内容」が定められています。「保育の内容」にはそれぞれ「ねらい」と「内容」があります。

「ねらい」とは、子どもが保育所で**安定した生活**を送り、**充実した活動**を行えるようにするための具体的な目標や、子どもに身につけてほしいことです。その「ねらい」を達成するためには、保育士はどんな働きかけをすればよいかを**具体的に示したもの**が「内容」です。

❷ 養護に関わる「ねらい」と「内容」

養護の目標には、「**生命の保持**」と「**情緒の安定**」があります。「生命の保持」における「ねらい」とは、一人ひとりの子どもの**生理的欲求**（食事、睡眠、排泄など）を満たすとともに、健康の増進を図る、安全に過ごせるようにすることです。これを達成するためには、保育士は、清潔で安全な環境を

整え、一人ひとりの健康状態や生活リズムを把握し、適切な世話をすることが必要です。これが「内容」です。

「情緒の安定」における「ねらい」とは、子どもが**安心して自分の気持ちを表せる**ようにすることです。そのためには、日々、子どもの気持ちに寄り添い、ふれあいながら信頼関係を築いていくことが求められます。これが「内容」です。

❸ 教育に関わる「ねらい」と「内容」

1歳以上児の「ねらい」と「内容」は、「**健康**」「**人間関係**」「**環境**」「**言葉**」「**表現**」の5つの領域に分かれています。これを5領域といいます。

健康	健康な心と体を育て、自ら健康で安全な生活をつくり出す力を養う。
人間関係	他の人々と親しみ、支え合って生活するために、自立心を育て、人と関わる力を養う。
環境	周囲の様々な環境に好奇心や探究心をもって関わり、それらを生活に取り入れていこうとする力を養う。
言葉	経験したことや考えたことなどを自分なりの言葉で表現し、相手の話す言葉を聞こうとする意欲や態度を育て、言葉に対する感覚や言葉で表現する力を養う。
表現	感じたことや考えたことを自分なりに表現することを通して、豊かな感性や表現する力を養い、創造性を豊かにする。

チェックポイント　教育の目標

レッスン 6 保育を行ううえで 配慮すべきことは?

これまでに、「一人ひとりの子ども」という言葉が何度か出てきたことに気がついたでしょうか。保育では、その子どもの成長に合わせた対応をすることがとても大切なのです。

❶ 保育全般に関わる配慮事項

　保育士は、**一人ひとりの子どもの成長や発達**の度合いを、日ごろからよく見て把握していることが必要です。

　乳幼児期の子どもの発達は、**心身ともに個人差が大きく**、立ったり歩き始めたりする時期にも差があります。「ここまではできる」という現状を確認し、次のステップへの援助をすることになりますが、そのときに**子どもの気持ちを受け止める**ことが重要です。子どもに「**自分でやってみたい**」という意欲が芽生えるのを待つ、また積極的な気持ちになれるような環境を工夫してみるなど、子どもの性質やそのときどきで変化する気持ちをくんだ取り組みが求められます。

チェックポイント　**保育全般に関わる配慮事項**

一人ひとりの気持ちを受け止める

個人差を踏まえる

国籍や性別の違いなどを認め互いに尊重し合う心を育てる

次は、年齢によって気をつけるべきポイント
や保育目標をみていきましょう。

② 保育に関わる年齢別の配慮事項

乳児保育では、世話・養護が中心となります。

乳児は病気への**抵抗力が弱く**、また**心身の機能が未熟**です。温度環境、食事、また興奮や疲労などの要因でおなかをこわしたり発熱するなど、病気の発症が多いものです。

特に、乳児保育では**特定の保育士が担当**し、一人ひとりの**健康状態を適切に判断**し、保健的に対応すること、**嘱託医との連携**が必要です。

1歳から3歳未満児の保育では、**援助・仲立ちが中心**です。

食事、排泄、衣服の着替え、手洗いや歯みがきなど、基本的な生活習慣については、落ち着いた雰囲気のなかで、子どもが**自分でしようとする気持ち**を尊重することが大切です。自我の育ちを見守りながら、友だちとの関わり方をていねいに伝えていく時期です。

3歳以上児の保育では、「**幼児期の終わりまでに育ってほしい姿**」の内容を考慮した指導を行います。

基本的な生活習慣もほぼ自立できるようになり、知的興味や関心が高まる時期です。**集団的な遊び**も見られるようになるため、個の成長と集団としての活動の充実を図り、小学校生活につながるような遊び・学びを経験する時間を設けます。

心と体、両方の発達をとらえた配慮が大切なのですね。

このデータが重要!

子どもの数に対する保育士の数の目安

「児童福祉施設の設備及び運営に関する基準」 第33条

	保育士の数の目安
乳児	乳児おおむね3人につき1人以上
満1歳以上満3歳未満児	幼児おおむね6人につき1人以上
満3歳以上満4歳未満児	幼児おおむね15人につき1人以上
満4歳以上児	幼児おおむね25人につき1人以上

※ただし、1つの保育所につき2人を下ることはできない。

レッスン 7 保育の責務とは どのようなものか?

子どもの成長に携わる保育士は、とても責任の大きい仕事ですね。

保育士には専門的な知識を備えていることに加え、常に向上を目指す態度、倫理観も求められます。

❶ 保育士の資質向上

乳幼児期という人間形成にとって重要な時期に、多くの時間をともにする保育士には、高い専門知識と技術を備えていることが求められます。

質の高い保育を展開するためには、保育士として仕事を続けながらも、たえず**自己を磨き続ける努力**が必要です。このことを自己研鑽（けんさん）といいます。

❷ 保育所の責務

保育士が学び続けることができるよう、保育所長は、職員の保育所内での研修を実施すること、あるいは外部の**研修に積極的に参加できる環境**を計画的に整えるように努めなければなりません。

チェックポイント　研修に参加して自己を磨く

- 講演会・ワークショップに参加
- ほかの保育所と合同討論会
- ほかの施設を見学
- 講師を招く
- 勉強会を開く

みんなで意見交換

❸ 保育士の倫理観

2003（平成15）年の**保育士資格の法定化**にともなって、「全国保育士会倫理綱領」❶が定められました。ここには保育士にとって必要な資質としての倫理観が述べられています。

条文にチャレンジ!! 　**「全国保育士会倫理綱領」**

前文　すべての子どもは、豊かな愛情のなかで心身ともに健やかに育てられ、自ら伸びていく無限の可能性を持っています。

私たちは、子どもが現在（いま）を幸せに生活し、未来（あす）を生きる力を育てる保育の仕事に誇りと責任をもって、自らの人間性と専門性の向上に努め、一人ひとりの子どもを心から尊重し、次のことを行います。

私たちは、子どもの育ちを支えます。

私たちは、保護者の子育てを支えます。

私たちは、子どもと子育てにやさしい社会をつくります。

子どもの最善の利益を考慮し、人権を尊重した保育を行うためには、保育士一人ひとりの倫理観や人間性、保育に対する高い意識が必要なのです。

❹ 保育士の社会的責任

保育士は、上で述べたような倫理観に基づき、子どもの**人権**に配慮しながら、子ども一人ひとりの**人格**を尊重して保育を行わなければなりません。

また、保育士は入所している子どもの個人情報に十分な配慮を行う必要があります。「児童福祉法」第18条の22では、保育士が職業上知り得た秘密を漏らしてはならないということと、**保育士でなくなった後も秘密保持の義務（守秘義務）**があることも規定しています❷。また、「児童福祉法」には、保育士の信用を失うような行為を行った人については、都道府県知事が保育士資格登録の取り消しや、停止を命ずることができるとあります。このように、保育士の社会的責任を明確に規定することで、保育士の社会的な信用性は守られているのです。

❶ 社会福祉法人全国社会福祉協議会、全国保育協議会、全国保育士会の連名で出された。
❷ ただし、虐待を受けたと思われる児童を発見したときの通告義務は秘密保持より優先される。

レッスン
8 保育所の社会的な役割とは
何か？

保育所は、子どもやその保護者とだけ接して
いるわけではありません。地域全体の子育て
を支援することも、保育所の役割なのです。

保育所は広く社会と関
わっているのですね。

❶ 保育所が担う2つの子育て支援

「保育所保育指針」の2008（平成20）年改定で詳しくなった「保護者支援」が2017（平成29）年改定でも「**子育て支援**」として引き継がれています。

保育所が行うべき「子育て支援」には、2つのタイプがあります。1つは、**保育所を利用している子どもの保護者**に対する支援で、保育所の一般的な業務です。もう1つは、保育所を利用していない子どものいる**地域の保護者等**に対する支援です。これは、「**地域に開かれた子育て支援**」ともよばれます。

条文に
チャレンジ!!　　　　　　**「児童福祉法」**

第48条の4　保育所は、当該保育所が主として利用される地域の住民に対して、その行う保育に関し情報の提供を行わなければならない。

2　保育所は、当該保育所が主として利用される地域の住民に対して、その行う保育に支障がない限りにおいて、乳児、幼児等の保育に関する相談に応じ、及び助言を行うよう努めなければならない。

保育士が自身の社会的役割を自覚し、その能力をおおいに生
かすことが期待されています。ただし、「保育所の本来の業務
に差しつかえない範囲で行う」という前提も書かれています。

❷ 入所児童の保護者に対する支援の基本

　保育所を利用している子どもの保護者に対する支援は、**日常のコミュニケーション**が軸となっています。送迎のときの会話、また連絡ノートなどによって、その日の子どものようすを伝えます。小さな成長を見逃さず報告することは、**保護者が子育てをするうえでの励み**になります。また、子どもの問題点や気づいたこと、保育士のとった対応や意図などを説明することは、**子どもに対する理解**を深めるとともに、保護者と保育士の間の**信頼関係**をつくります。

　懇談会、個人面談、家庭訪問、保育参観なども、保育士と保護者が対話できる機会となります。もちろん、これ以外にも必要があると判断した場合は、相談・助言を行う場を積極的に設けることが望まれます。

チェックポイント　**入所児童の保護者への支援**

毎日の
コミュニケーション　連絡ノート

保育所での対話

❸ 地域の保護者等に対する子育て支援

　地域の保護者等に対する子育て支援では、広く**一般社会に保育士の専門性を提供する**ことが求められます。また、保育所という施設を**地域に開かれた子育て支援の拠点**として開放することにも、有効性があります。

　保育所を利用していない家庭の保護者は、ふだん地域のなかでよりどころをもたず**孤立**しがちです。保育の環境が整っている場所で子育ての相談ができることに加え、ほかの保護者や地域団体の人々との交流の場となることもメリットとなります。また、保育所が市町村や**要保護児童対策地域協議会❶**など、地域の子育てに関わる機関と連携し、人材活用や問題解決を図ることも地域における子育て支援活動の一部です。

---

❶ 虐待を受けた子どもなど、支援の必要な児童及び保護者の早期発見や、適切な保護を図るための機関。2004（平成16）年に法定化された。

レッスン 9

世界の保育施設の歴史とは？

保育所に求められる要素は、時代によって変わるようですが、保育所はいつからあったのですか？

フランスで、世界初の集団保育施設ができたのは 18 世紀後半です。では、世界の保育施設の歴史を紹介していきましょう。

❶ オーベルランの幼児保護所 ― 1779 年フランス

フランスのアルザス地方の農村に牧師として赴任した**オーベルラン**は、戦禍と貧困できわめて低い水準にあった住民の暮らしの改革に取り組みました。その一環として、両親が働いている間、放任されている子どもたちのために**幼児保護所**を設立しました。これが、**世界で最初の集団保育施設**といわれています。**幼児の保護・養護**を行うとともに、遊びや賛美歌、糸紡ぎ、裁縫、さらに編み物なども教えていたので**編み物学校**ともよばれました。

❷ オーエンの性格形成（新）学院 ― 1816 年イギリス

産業革命の時代、安価な労働力として、長時間労働に駆り出される女性たちが多くいました。彼女たちの子どものなかには、世話をする人がいないまま放置されたり、より安価な労働力として働かされる子どもも少なくありませんでした。そうした子どもを保護し、教育するために、**オーエン**は、自身が経営するイギリス（スコットランド）のニュー・ラナークの紡績工場の敷地内に貧しい子どものための施設を設立したのです。

この施設は、「よい性格は、幼児期からのよい環境のもとで形成される」というオーウェンの信念に基づいて**性格形成（新）学院**と名づけられました。この学院は年齢別の 3 部構成で、その第 1 部として 1 〜 6 歳の幼児を対象とした**幼児学校**がありました。

❸ フレーベルのキンダーガルテン ― 1840年ドイツ

フレーベルは「**幼稚園の父**」とよばれる19世紀の教育学者です。

フレーベルの教育思想は、子どもに宿っている神性（善なる性質）を発揮・発展させることを基本理念としていました。そのためには家庭での教育、特に母親が行う教育が重要であるとし、乳幼児期の子どもに対しては「決して命令的・規定的・干渉的であってはならない」としました。

フレーベルは、子どもが遊びによってさまざまなことを学ぶ意義を重視し、恩物（神から与えられたもの）と名づけた教育的遊具を考えました。

彼は恩物を普及させる一方で、母親が教育理念を学ぶ「幼児教育指導者講習科」という学校をつくっています。この学校で学んだ女性が子育てを実践し、**遊び**と**作業**を中心とする保育により、子どもの**創造性を発展させる**集団保育施設を設立しました。**キンダーガルテン（幼稚園）**と名づけられたこの施設は、世界の幼稚園の原型とされています。

チェックポイント フレーベルの「恩物」

フレーベルの第2恩物

第3恩物

積み木など、現在使われている遊具の多くは、フレーベルの考えた「恩物」の応用形といってよいでしょう。

❹ モンテッソーリの子どもの家 ― 1907年イタリア

イタリア人初の女医であり、教育者の**モンテッソーリ**は、ローマの貧困層の子どもを預かる託児所として創設された**子どもの家**の初代教育主任として幼児教育に取り組みました。

子どもの家では、**子ども自身が自発的に考え、生活する**ことを促すため、いすや机などすべての設備が子ども用のサイズでつくられました。

また、子ども同士の関わりによる学習力の向上を図るため、異年齢の子どもでクラスを編成する**縦割り保育**を原則としました。

レッスン 10 わが国の保育施設の 歴史とは?

次は、わが国の保育施設の歴史を紹介して いきましょう。明治時代以降、貧しい家庭 の子どもを預かる託児所や保育所などが各 地に設立され始めました。

❶ 東京女子師範学校附属幼稚園 ― 1876（明治9）年

政府は、フレーベルのキンダーガルテンの影響を受けるとともに、幼稚園 を設置することが日本の近代化の1つであると考えました。こうしてつくら れたわが国の幼稚園の始まりが、**東京女子師範学校附属幼稚園**（現：お茶の 水女子大学附属幼稚園）です。

フレーベルの門下生であった**松野クララ**（クララ・チーテルマン）が主任 保母になり、**フレーベルの「恩物」を取り入れた保育**を実践しました。しか し、農家の手伝いや子守りなどに忙しく、小学校にも通えない子どもが珍し くなかったこの時代、幼稚園に通うことができるのは上流階級の限られた子 どもたちだけでした。

一方で、地方では農繁期や工場労働者のため の託児施設が設立されるようになりました。

❷ 新潟静修学校附設託児所 ― 1890（明治23）年

新潟静修学校の経営者であった**赤沢鍾美**と**仲子**は、農繁期に児童が連れて くる幼い弟妹のために、**学校の一室**を託児所にしました。すると、この後、 多くの貧しく忙しい農家の親たちが子どもを預けにくるようになりました。 これが、**わが国最初の常設の託児施設**といわれています。

❸ 二葉幼稚園 ― 1900（明治33）年

敬虔（けいけん）なクリスチャンであった**野口幽香（ゆか）**と**森島峰（みね）**も、フレーベルの思想に影響を受けています。東京四谷のスラムで日雇い労働に行く親に放任されていた子どもたちを集め、麹町（こうじまち）に二葉幼稚園（後の二葉保育園）を設立しました。そこでは**衛生的な生活習慣**や、**道徳**などを無償で教える保育を行いました。

> 日本でもフレーベルの影響は大きかったのですね。

❹ 大正期の託児所

大正期には、親が仕事に就いていることを条件とした**公立の託児所**が大阪、名古屋、東京などの**大都市**に設立されました。しかし、目的はあくまで親の就労を助けるための託児であり、現在の保育所のような子どもへの教育的な役割までは考えられていませんでした。

❺ 託児所から「保育所」へ

第二次世界大戦後の1947（昭和22）年に「**児童福祉法**」が制定されました。これにより、それまでの託児所などは**保育所**という名称に統一され、児童福祉施設としての性格が、法的に位置づけられました。また、同じ年に「**教育基本法**」「**学校教育法**」が制定され、幼稚園は**学校体制**の一部になりました。

チェックポイント　わが国の保育施設の歴史（明治期）

設立年	施設（人物）	ポイント
1876（明治9）年	東京女子師範学校附属幼稚園（松野クララ）	わが国の幼稚園の始まり
1890（明治23）年	新潟静修学校附設託児所（赤沢鍾美、仲子）	わが国で最初の常設託児施設
1894（明治27）年 1896（明治29）年	東京紡績株式会社附設託児所 三井炭鉱託児所	職場附設託児所
1900（明治33）年	二葉幼稚園（野口幽香、森島峰）	スラムの子どものための保育施設

ハリきって トライ！

○×問題・穴うめ問題

1

穴うめ ❶「保育」という言葉には、「（Ａ）」と「（Ｂ）」という2つの要素が含まれている。

2

○× ❷ 2008（平成20）年、「保育所保育指針」は大臣告示として改定され、規範性を有する基準としての性格が明確になった。

3

穴うめ ❸ 保育所は、保育を（Ａ）子どもの保育を行い、その健全な（Ｂ）の発達を図ることを目的とする児童福祉施設である。

4

○× ❹ 保育所の機能のうち、教育に関するものは、「幼稚園教育要領」と共通するものとして規定されている。

5

穴うめ ❺「保育所保育指針」の「養護の理念」では、「保育における養護とは、子どもの（Ａ）の保持及び（Ｂ）の安定を図るために保育士等が行う援助や関わりであり、保育所における保育は、養護及び（Ｃ）を一体的に行うことをその特性とするものである」としている。

6

○× ❻ 1歳から3歳未満児の保育では、「幼児期の終わりまでに育ってほしい姿」の内容を考慮した指導を行う。

○× ❼「児童福祉施設の設備及び運営に関する基準」では、保育所の保育士の数は乳児おおむね3人につき1人以上とされている。

8

○× ❽ 保育所は、保育所を利用していない子どもの保護者に対しても子育て支援を行うことがある。

9

穴うめ ❾ フレーベルは、子どもが（Ａ）によって学ぶ意義を重視した。

10

○× ❿ 貧しい家庭の子どもたちのための幼稚園が明治期につくられ始めた。その一つ、二葉幼稚園は赤沢鍾美が慈善により開設したものである。

穴うめ ⓫（Ａ）は、わが国初の常設の託児施設といわれている。

❦❦❦❦❦❦❦❦❦❦❦❦❦❦❦ **答え** ❦❦❦❦❦❦❦❦❦❦❦❦❦❦❦

❶（Ａ）養護（Ｂ）教育（順不同） ❷○ ❸（Ａ）必要とする（Ｂ）心身 ❹○ ❺（Ａ）生命（Ｂ）情緒（Ｃ）教育 ❻× 3歳以上児である ❼○ ❽○ ❾（Ａ）遊び ❿× 野口幽香と森島峰である ⓫（Ａ）新潟静修学校附設託児所

第 **2** 章

教育原理

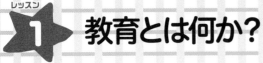

レッスン 1　教育とは何か？

保育士の仕事には、子どもの世話をするだけではなく「教育」をすることも含まれます。教育原理という科目を理解するために、まずは、教育についての考え方の基本をおさえておきましょう。

❶「教育」の意義とは？

「教育」は、日本に古くからある言葉ですが、幕末に英語の education（エデュケーション）の訳語として用いられ、学校教育の普及とともに一般でも用いられるようになりました。education には、「**外に引き出す**」という意味があり、その人のなかに隠されている才能を外に引き出すことが「教育」であるとされています。

人間は自分の生まれもった**素質**に、周囲の**環境**からの影響を受けながら成長していきます。その人の発達段階に合った、適切な時期に素質を引き出し、育てることが教育の役割といえます。

❷ なぜ人間には教育が必要か？

ウマやサルなどの動物が、生まれてすぐ歩き始めるなど、かなりの段階まで発達しているのに比べ、人間は、未熟で何もできない状態で生まれます。スイスの動物学者**ポルトマン**は、著書『**人間はどこまで動物か**』で、その特性を**生理的早産**とよびました。誕生時の人間が、ほかの高等哺乳動物と大きく違うのは、誕生後の教育による働きかけにより、社会的・文化的に発達するためと考えられています。

また、ドイツの哲学者**カント**は、「**人間は教育されるべき唯一の動物である**」「**人間は教育によってはじめて人間となることができる**」と述べています。

チェックポイント ポルトマンの哺乳動物分類説

	就巣性	離巣性
動物の種類	下等哺乳動物 (ネズミ、ウサギ、イヌなど)	高等哺乳動物 (チンパンジー、ウマ、ゾウなど)
妊娠期間	20〜30日程度	50日以上
子どもの数	多産	1〜2匹
誕生時のようす	目が見えない、動けないなどにより、一定期間は巣で育てられる	誕生時に目が開き、感覚器や運動能力も発達している

❸ 発達を左右する要因とは何か？

　教育は、その人の発達に合わせて行われるべきものです。では、人間の発達の要因とは何でしょうか？　それについて、3つの代表的な説があります。

　1つ目は、**生まれた後の環境に発達が大きく左右される**という、**環境説**です。環境説を裏づける実例としては、18世紀のフランス、ラコーヌの森で保護された**アヴェロンの野生児**がよく知られています。この少年は、保護されたときに11〜12歳で、医師**イタール**が教育を試みましたが、正常な社会生活を営むことはできませんでした。そこから人間の発達には、環境が大きく関係しているという説が生まれました。2つ目は、**遺伝的な素質で発達が左右される**という、**生得説（遺伝説）**です。アメリカの心理学者**ゲゼル**は、一卵性双生児の研究をもとに、この説を提唱しました。3つ目は、**遺伝的素質も環境も両方とも発達に影響を与える**という、**輻輳説**です。ドイツの心理学者**シュテルン**がこの説を展開しました。この説は、発達の過程においては遺伝的素質と環境が互いに影響を与えるものの、**両者は独立している**という考え方です。

　これらの説を踏まえたうえで、今日では**発達には遺伝的な要因と環境的な要因が相互に関係し合う**という**相互作用説**が、発達に関する最も一般的な考え方になっています。

レッスン 2 わが国の教育に関する法律とは?

かつてはわが国でも、世界のほかの国々と同じく、子どもは大人の所有物とされていて、教育を受けることができるのは一部の子どもだけでした。現在は、性別や社会的身分などにかかわらず、すべての子どもが教育を受ける権利があることが、「日本国憲法」で定められています。

❶ 教育を受ける権利とは何か?

現在、わが国では、「**日本国憲法**」**第 26 条第 1 項**で、**すべての人の教育を受ける権利**を保障しています。また、同じ条文の第 2 項で、子どもの保護者に対し、子どもに普通教育を受けさせる**義務**を定めています。これから学んでいく子どもの教育や福祉に関するさまざまな法律は、これに基づいて定められています。

 条文に チャレンジ!! 「日本国憲法」

第 26 条 　すべて国民は、法律の定めるところにより、その能力に応じて、ひとしく教育を受ける権利を有する。

　　 2 　すべて国民は、法律の定めるところにより、その保護する子女に普通教育を受けさせる義務を負ふ。義務教育は、これを無償とする。

「日本国憲法」第 26 条は、教育関係のすべての法律の土台となっていて、この内容にそぐわない法律をつくることはできません。

❷「教育基本法」とは？

　「**教育基本法**」は、教育の目的や目標など、国として教育をどう考えるかについて、わが国の**教育の理念**を定めたものです。**第二次世界大戦後**の1947（昭和22）年、新しい教育のために制定されました。その後、子どもや教育をめぐるさまざまな時代の変化を受けて、**2006（平成18）年**に**大きく改正**され、現在に至っています。

「教育基本法」の主な内容

教育基本法

**第1章
教育の目的及び理念**

第1条	教育の目的
第2条	教育の目標
第3条	生涯学習の理念
第4条	教育の機会均等

教育はどのようなものであるべきかについて定めています

**第2章
教育の実施に関する基本**

第5条	義務教育
第6条	学校教育
第7条	大学
第8条	私立学校
第9条	教員
第10条	家庭教育
第11条	幼児期の教育
第12条	社会教育
第13条	学校、家庭及び地域住民等の相互の連携協力
第14条	政治教育
第15条	宗教教育

さまざまな教育をどのように実施するかについて定めています

教育行政のあり方について定めています

**第3章
教育行政**

**第4章
法令の制定**

「教育基本法」の内容を実施するために、必要な法律が制定されなければならないとしています

第二次世界大戦の経験を踏まえ、「教育基本法」は平和で民主的な国家・社会にふさわしい国民を育てることを定めています。

 条文に
チャレンジ!!　　　「教育基本法」における教育の目的

　第1条　教育は、人格の完成を目指し、平和で民主的な国家及び社会の形成者として必要な資質を備えた心身ともに健康な国民の育成を期して行われなければならない。

❸ 家庭教育とは？

　教育とは、学校における教育だけを指すのではありません。「教育基本法」では、学校教育以外の教育についても、どのような教育であるべきかを定めています。1つ目が家庭教育です。家庭教育については、「生活のために必要な習慣を身に付けさせるとともに、自立心を育成し、心身の調和のとれた発達を図るよう努めるものとする」としています。また、家庭教育とも深く関わる幼児期の教育については、「生涯にわたる**人格形成の基礎を培う**重要なもの」としています。家庭教育で、一番の責任（**第一義的責任**）をもつ人は、父母その他の保護者としたうえで、国と地方公共団体も家庭教育の支援や幼児教育の振興に努めなければならないと定めています。

❹ 社会教育とは？

　もう1つが社会教育です。社会教育とは、**学校の教科以外の、社会で広く行われる教育**のことで、「教育基本法」第12条では「国及び地方公共団体によって奨励されなければならない」としています。国や地方公共団体が担うべき具体的な役目については「**社会教育法**」が定めています。

　また、社会教育は、学校教育とともに、**生涯学習（生涯教育）**に関わっています。生涯学習とは、人は生涯を通じて学び続けることで、人生を豊かにし、経済・社会の発展にもよい影響を与えるということを指しています。

チェックポイント　社会教育の種類

家庭・日常生活に関する学習

教養に関する学習

職業に関する学習（資格取得などを含む）

芸術・芸能・趣味に関する学習

体育・スポーツに関する学習

❺「学校教育法」とは？

　「教育基本法」が教育の理念を定めたものであるのに対し、「**学校教育法**」は、教育の場である学校について、どのような基準で設置するか、入学資格はどのようなものなのかなど、具体的な決まりを定めたものです。保育所が「児童福祉法」に基づく児童福祉施設であるのに対し、**幼稚園は、「学校教育法」に基づく学校として設置**されています。

❻「幼稚園教育要領」とは？

　「幼稚園教育要領」とは、先にあげた「教育基本法」「学校教育法」を法的な根拠として、文部科学省が告示する幼稚園における教育に関するガイドラインです。「**保育所保育指針**」の教育に関する部分は、「**幼稚園教育要領**」と**共通**です。また、「幼稚園教育要領」も「保育所保育指針」と同じく法的拘束力をもちます。小・中・高・特別支援学校では、文部科学省が告示する「**学習指導要領**」を教育内容の指針としています。

 「学校教育法」での学校と各種学校

「学校教育法」第1条は、「学校」にあたる教育施設を定めています。それ以外の教育を行う施設で、基準を満たしているものを「専修学校」または「各種学校」といいます。

「学校」とされるもの
●幼稚園・小学校・中学校・高等学校
●義務教育学校*
●中等教育学校
●特別支援学校 　（旧盲学校・聾学校・養護学校）
●大学 　（大学院・短期大学を含む）
●高等専門学校

「専修学校」「各種学校」 とされるもの
●予備校
●語学学校・料理学校
●インターナショナルスクール

* 「学校教育法」の改正にともない 2016（平成 28）年 4 月に創設された小中一貫教育を実施する学校。

レッスン 3 わが国の教育制度や教育行政は？

「教育基本法」や「学校教育法」の内容をより深く理解するためには、わが国の教育制度や、教育を担当している行政機関の役割を知ることが大切です。

❶ わが国の教育制度とは？

　教育制度は国によってさまざまです。わが国の「**学校教育法**」に基づいた教育制度は、次の「**チェックポイント**」のようになっています。義務教育は、小学校6年、中学校3年の合計9年です。外国では義務教育を、自宅で学習することのできる教育制度としている国もありますが、わが国では学校に通うことが必要です。また、「**教育基本法**」と「学校教育法」により、国立または公立の学校での**義務教育の授業料は無償**にすることが定められています。

チェックポイント　わが国の教育制度

就学前教育	義務教育（9年） 幼稚園（1～3年）、特別支援学校の幼稚部（1～3年）	「学校教育法」第1条が規定する学校	文部科学省所管の学校
初等教育	小学校（6年）、特別支援学校の小学部（6年） 義務教育学校前期（6年）		
中等教育	中学校（3年）、特別支援学校の中学部（3年） 義務教育学校後期（3年） 中等教育学校前期（3年）		
	中等教育学校後期（3年）、高等学校（3年）、特別支援学校の高等部（3年）、通信制高校、定時制高校		
高等教育	大学（4～6年）、短大（2年）、大学院 高等専門学校（5年）		
	専修学校		
	各種学校		

❷ 教育行政機関とは？

　教育行政は、中央（国）と地方（地方公共団体）に分かれています。中央は、学校制度や学習指導要領など、**国全体の教育の方向性や枠組み**を決めています。**地方**は、**都道府県知事**や**市区町村長**と**教育委員会**が連携して教育行政を行います。

中央教育行政	
内閣　内閣総理大臣	教育改革の方針の決定など
文部科学省　文部科学大臣	教育振興の計画作成、予算作成、教科書用図書検定など
中央教育審議会 （文部科学大臣の諮問機関）	教育振興、人材育成、生涯教育、スポーツ振興について文部科学大臣に意見を述べる
地方教育行政	
都道府県知事	大学に関すること、私立学校に関することなど
市区町村長	学校の設置、教育委員の任命など
教育委員会	地域の教育、文化、スポーツ等に関する事務を行う （教職員の配置、学校給食、児童の就学に関する事務など）

❸ 平成の教育改革のトピックとは？

　政府は社会の変化に合わせた教育にするために、教育制度を見直してきました。2002（平成14）年度に実施された「**学習指導要領**」から、「**生きる力**」の育成が理念として盛り込まれました。

　また、2018（平成30）年から順次実施されている「学習指導要領」では、従来の「道徳の時間」が「特別の教科」としての「道徳科」となりました。

チェックポイント　生きる力とは

知・徳・体の
バランスのとれた力

確かな学力（知）
基礎・基本を確実に身に付け、自ら課題を見付け、自ら学び、自ら考え、主体的に判断し、行動し、よりよく問題を解決する資質や能力

豊かな人間性（徳）
自らを律しつつ、他人とともに協調し他人を思いやる心や感動する心などの豊かな人間性

生きる力

健康・体力（体）
たくましく生きるための健康や体力

レッスン 4　幼稚園教育とは何か？

幼稚園と保育所の違いについて
は、第1章でも勉強しましたね。

すでに述べたように、幼稚園は学校で、保育所は児童
福祉施設という違いがあります。そのほか、幼稚園と
保育所の違いと共通点を、一通り知っておきましょう。

❶ 幼稚園とは？

　幼稚園は、小・中学校、高等学校などと同じく、「学校教育法」に定められ
た学校です。**入園できるのは、満3歳から小学校就学の始期に達するまでの
幼児**です。「学校教育法」では幼稚園について次のように定めています。

条文にチャレンジ!!　　　　　**「学校教育法」**

　第22条　幼稚園は、義務教育及びその後の教育の基礎を培うものとして、幼
　　　　　児を保育し、幼児の健やかな成長のために適当な環境を与えて、そ
　　　　　の心身の発達を助長することを目的とする。

幼稚園でも「保育」を行いますが、「教
育の基礎を培う」ことが目的です。

❷ 幼稚園教育の基本

　幼稚園における幼児教育は、「学校教育法」に基づいて、文部科学省が定め
る「**幼稚園教育要領**」に従って行われます。「幼稚園教育要領」では、**発達段
階に合わせた教育**が行われるように、教育の目標や教育時間などを定めてい
ます。また、「幼稚園教育要領」における教育の目的は、「学校教育法」に基

づいています。

　幼稚園において教師は、幼児が主体的に活動できるよう、一人ひとりの行動を理解し、予想することで**計画的に環境を構成**しなければなりません。ここでいう環境とは、幼児と、人・ものが関わるための**物的・空間的環境**のことを指します。また、教師は、家庭との連携を図りながら、「**教育課程**」を編成します。「教育課程」とは、保育所における「全体的な計画」にあたるものです。

> **条文**にチャレンジ!!
>
> ### 「幼稚園教育要領」
>
> 第1章「総則」　幼児期の教育は、生涯にわたる人格形成の基礎を培う重要なものであり、幼稚園教育は、学校教育法に規定する目的及び目標を達成するため、幼児期の特性を踏まえ、環境を通して行うものであることを基本とする。

　2017（平成29）年改訂の「幼稚園教育要領」では、「**幼児期の終わりまでに育ってほしい姿**」として、①健康な心と体、②自立心、③協同性、④道徳性・規範意識の芽生え、⑤社会生活との関わり、⑥思考力の芽生え、⑦自然との関わり・生命尊重、⑧数量や図形、標識や文字などへの関心・感覚、⑨言葉による伝え合い、⑩豊かな感性と表現が示され、これらの力を就学前に育むとされています。これは保育所、認定こども園と共通です。

❸ 幼稚園教育の目標

　「幼稚園教育要領」では、幼稚園生活を通して**生きる力**の基礎が育成されるよう、①健康、②人間関係、③環境、④言葉、⑤表現の**5領域**の目標を掲げ、それぞれについて「ねらい」と「内容」をまとめています。この教育の目標、「ねらい」「内容」については、**「保育所保育指針」**と共通しています。

> 5領域という言葉は、「保育所保育指針」のところでも勉強しました。保育所と幼稚園は違う施設だけど、「教育」に関する部分は共通していますね。では、「養護」の「目標」や「ねらい」、「内容」は幼稚園にはないのでしょうか？

> 児童福祉施設である保育所と違って、教育機関である幼稚園には「養護」の目標はないのですよ。そこが保育所との違いなのです。

レッスン 5　世界の教育の歴史とは？

諸外国の教育の歴史も、保育に関わる人間として知っておきたいものです。複雑そうだ、と先入観をもたず、いつの時代のことか、どんな国のどんな人物が、どんな説を唱えたかをゆっくり理解していきましょう。

❶ 古代の教育とは？

　古代ギリシャでは、一人前の市民になるために教育が必要とされました。**スパルタ**では、子どもは国の財産とされ、男子は優秀な戦士になるよう、国家の費用で戦闘や狩猟などの訓練を受けました。その教育の厳格さから、スパルタ教育という言葉が生まれています。

　同じ古代ギリシャでも、アテネでは、教育は民主政治に必要なものとされ、市民は自費で子どもに修辞学（しゅうじがく）や弁論術などを学ばせ、体操場で身体を鍛錬（たんれん）させました。哲学者プラトンの私塾**アカデメイア**は、はじめて統一的なカリキュラム（教育課程）で運営された教育機関として有名です。ギリシャの没落後、地中海地域を支配したローマ帝国では、3〜4世紀に学校教育が発達し、**公立図書館**が研究と教育の場となります。6世紀にはキリスト教の修道院で、**文法・修辞学・弁証法（べんしょうほう）（3学）、算術、天文学、音楽、幾何学（きかがく）（4科）を合わせた7自由科（リベラル・アーツ）❶**の教育が始まりました。

❷ 中世の教育とは？

　中世になると、騎士や貴族は、宮廷のなかで武芸や宮廷のしきたりを学びました。一方、庶民は自分の親や、職人の親方から職業教育を受けました。また、**教会や修道院**で、庶民に文字を教えるところも出てきました。また、11〜12世紀には、**十字軍の遠征による都市の発展**を背景に、ボローニャ大

学、パリ大学、オックスフォード大学などヨーロッパの各地で**大学**がつくられます。これらは現代の大学教育の元祖となります。

❸ 近代までの教育とは？

　13〜15世紀には、**ルネサンス**とよばれる、それまでの封建的思想から人間らしさを回復することを目指す文化運動が広がります。それまでの職業別・専門別の教育から、古代ギリシャの影響を受けた万能教養人を目指す教育へと変化し、イギリスでは**パブリック・スクール**、フランスでは**コレージュ**、ドイツでは**ギムナジウム**などの中等教育機関がつくられました。

　16世紀には宗教改革が起きます。宗教改革者の1人、ドイツの**ルター**は聖書を読むために庶民の子に文字を教える必要性を説き、これを受けてドイツで領邦国家（各地の諸侯の国家）単位で学校が開かれました。

　17世紀には、チェコに生まれた**コメニウス**が、西洋教育史上はじめて幼児教育を論じ、『**大教授学**』で**自然の秩序にかなった教育**を説きました。これを合自然主義といいます。また、**体験で感じたことから理解させる**感覚教授（直観教授❷）の理論から、『**世界図絵**』という絵入りの本を著しました。

　コメニウスの思想は、18世紀の**ルソー**の**児童中心主義**に受け継がれます。ルソーは、子どもは小さな大人ではなく、子どもには子どもの感じ方や考え方がある、としたことから「**子どもの発見者**」とよばれます。ルソーの考えは、直観教授を確立したスイスの**ペスタロッチ**や、1840年に世界初の幼稚園を開設したドイツの**フレーベル**などに受け継がれました。

　18世紀後半になると、イギリスから産業革命が始まります。子どもも労働力として酷使されるなか、慈善団体などが、貧しい子どもたちに読み・書き・計算を教えるようになりました。また、紡績工場主だった**オーエン**は、労働で子どもたちの心身が害されるのを心配し、1816年、自分の工場の敷地に**性格形成（新）学院**を創設しました。一方、フランスのアルザス地方では、1779年、ドイツ人牧師の**オーベルラン**が世界初の集団保育施設を設立しました。

❶「人を自由にする学問」の意味をもつ言葉で、奴隷ではない自由人として身につけるべき教養とされたもの。❷ 直観教授とは、数・形・語を、精神力（頭）・心情力（心）・技術力（手）で感じることが発達を促すという考えに基づく教育のこと。

ペスタロッチは、『隠者の夕暮れ』のなかで、「玉座の上にあっても木の葉の屋根の蔭に住まっても同じ人間」と述べています。これは今日では常識となっている、教育の平等について述べたものです。

❹ 19 世紀末〜 20 世紀の教育とは？

19 世紀後半から、貧しい家庭の子どもや女子にも教育が必要だという考えが広まってきます。20 世紀に入ると、教育を受けることは子どもの権利であると考えられるようになり、1924 年の「ジュネーブ宣言」、1989 年の「児童の権利に関する条約」（「子どもの権利条約」）などで、子どもが教育を受ける権利を世界の国々が認めるようになっていきました。

チェックポイント キーワードから知る 20 世紀教育界の重要人物

キーワード	解説	人名（国）関連事項
モンテッソーリ・メソッド	子どもの集中を導くよう、体系化された教具を用いた教育方法。	モンテッソーリ（イタリア）異年齢保育の保育所「子どもの家」
「20 世紀は児童の世紀である」	1900 年に刊行された『児童の世紀』の有名な一節。	エレン・ケイ（スウェーデン）ルソーの影響が強く、「第二のルソー」とよばれる。
問題解決学習	子どもが自ら生活のなかで問題を発見し、分析して仮説を立てて検証することで、知識が獲得されるというもの。	デューイ（アメリカ）経験主義、実験主義、新教育運動
ティーチング・マシーン	段階的に学習できるように教材を仕込んだ機械のこと。コンピュータを使った教育の元祖。	スキナー（アメリカ）プログラム学習
発見学習	子ども自身が課題に対する解決法を考え、知識の体系を発見できるように導く教育方法。	ブルーナー（アメリカ）著書『教育の過程』
有意味受容学習	学ばせたい内容の手がかりとして、事前に関連する情報を学習者に与える教育方法。	オーズベル（アメリカ）事前に情報を与えると効率よく学ばせることができるという概念を「先行オーガナイザー」という。

21 世紀の今もなお、世界には貧困や戦争により、十分な教育を受けられない子どももまだ多くいます。

これからは海外の教育に関するニュースに、もっと目を向けなければならないですね。

わが国の教育の歴史とは?

わが国では江戸時代には
寺子屋がありましたね。

そうです。江戸時代の日本は、
教育先進国だったんですよ。

教育原理

❶ 中世までの教育とは?

　古代の律令体制の日本では、645年の大化の改新で定められた「男女の法」により、親の身分で子どもの身分が決まっていました。貴族の子どもは、「**大学寮**」と呼ばれる律令政府の学校で、漢学など、官僚に必要な教育を受けました。奈良時代末には、石上宅嗣が蔵書を集めた**芸亭**を公開し、わが国最古の私立図書館といわれています。そのほかにも私的な教育機関もあり、**空海**が創設した**綜芸種智院**がわが国**最古の私学**とされます。

　鎌倉時代から室町時代にかけては、**足利学校**などの武士の学校のほか、庶民の子どもたちにも**寺子屋**で教育が行われました。また、初等教育には、**往来物**という**模範文章を集めた教材**が用いられました。そのほか16世紀には、来日したイエズス会宣教師によるキリシタン学校がありました。

❷ 江戸時代の教育とは?

　江戸時代には、安定した幕藩体制のもと、各藩が藩士のための学校、**藩学**（校）や**郷学**を設置しました。藩学は、武士の子どものための教育機関ですが、郷学のなかには庶民向けのものや、民間で設立されたものもありました。一方、農民や町人は**寺子屋**で、庶民の仕事に必要な読み・書き・そろばんを学びました。女子は、寺子屋ではなく、裁縫や茶の湯などを教える師匠のもとに通うことが多かったようです。

また、教育についての思想を述べる学者も現れました。中江藤樹は、『翁問答』を著し、子どもに対する幼少期からの道徳教育を重視しました。貝原益軒は、わが国最初の体系的教育書といわれる『和俗童子訓』を著し、子どもの年齢に応じた教え方として随年教法を示しました。

❸ 近代日本の教育とは？

西洋を参考に国づくりを行った明治政府は、学区制度と単線型の学校制度を構想し、1872（明治5）年、「学制」という制度を定めます。これにより、小学・中学・大学が創設されました。

この制度は、1879（明治12）年、アメリカの教育制度を参考にした「教育令」に改められ、さらに翌年の1880（明治13）年に「改正教育令」となります。

しかし、初代文部大臣森有礼は、小学校を国家主義的な臣民教育の場に位置づけ、1886（明治19）年、義務教育制度を確立した「小学校令」を定めました。また、1890（明治23）年、「小学校令」改正に合わせて発布された「教育勅語」は天皇の勅語として国家の教育規範とされました。

一方、幼児教育では、1876（明治9）年に、わが国初の官立幼稚園として東京女子師範学校附属幼稚園が設立されました。東京女子師範学校は現在のお茶の水女子大学で、当時の校長中村正直はフレーベルの著作から「幼稚園」という訳語をつくっています。

また、わが国初の保育所は、1890（明治23）年、赤沢鍾美が創立した新潟静修学校に附設された託児所とされます。

大正時代になると、大正デモクラシーを背景に、児童中心主義の教育思想が広がります。そこから、自由画、童謡、児童文学なども発展しました。

1873（明治6）年の段階では、わが国の就学率は3割程度でしたが、義務教育制度が厳格になってから、子どもを学校に行かせる人が増え、1905（明治38）年には小学校就学率は95.6％になりました。

倉橋惣三と城戸幡太郎

昭和初期、教育界では、倉橋惣三（くらはしそうぞう）と城戸幡太郎（きどまんたろう）が活躍していました。

	肩書き	思想	ポイント	キーワード
倉橋惣三	東京女子師範学校附属幼稚園の主事	児童中心主義	自然のなかでの自由遊びを重視	「生活を生活で生活へ」「誘導保育」
城戸幡太郎	保育問題研究会の会長	社会中心主義	大人が子どもを導く重要性を説く	「社会協力の訓練」

❹ 第二次世界大戦後の幼児教育とは？

　第二次世界大戦後は敗戦を契機として、国家主義の教育から**民主主義教育**になります。幼稚園教育においては次のような変遷をたどります。

| 明治時代 |

「**幼稚園保育及設備規程**」1899（明治 32）年
- 1 日の保育時間は 5 時間以内

| 第二次世界大戦前 |

「**幼稚園令**」1926（大正 15）年
- 幼稚園は「家庭教育を補う」施設
- 保育項目は 5 項目（遊戯・唱歌・観察・談話・手技等）
- 保育の時間制限なし

| 第二次世界大戦後 |

「**保育要領～幼児教育の手引き～**」1948（昭和 23）年
「**幼稚園教育要領**」1956（昭和 31）年
- 保育内容は 6 領域
　（健康・社会・自然・言語・音楽リズム・絵画製作）

| 現在 |

「**幼稚園教育要領**」を改訂　1989（平成元）年
- 保育内容は 5 領域
　（健康・人間関係・環境・言葉・表現）
1998（平成 10）年、2008（平成 20）年、2017（平成 29）年にも改訂

レッスン 7 教育をめぐって どんな課題があるのか？

小学校と保育所や幼稚園との連携が求められている今、小・中学校の子どもたちはどのような問題に直面しているのか、関心をもって勉強していきましょう。

❶「いじめ」の問題とは？

特定の子どもにいやがらせをしたり、無視するなどといった**いじめの問題**は、1980年代から注目されるようになりました。近年は、インターネットの普及により、インターネットをいじめの手段に使い、大人のわからないところで深刻化していくという傾向があります。

いじめを苦に自殺する事件も相次ぎ、2013（平成25）年には「**いじめ防止対策推進法**」が公布されました。そのなかでは、いじめを児童生徒が一定の人的関係のある者から、心理的・物理的な影響を与えられた行為により、心身の苦痛を感じているものと定義しています。

いじめの認知件数

前の年に比べ増えているのね。

	2022（令和4）年度（[　　]内は前年度比）
いじめの認知件数（全体）	68万1,948件［6万6,597件増加］
小学校	55万1,944件［5万1,382件増加］
中学校	11万1,404件［1万3,467件増加］
高等学校	1万5,568件［1,411件増加］
特別支援学校	3,032件［337件増加］

令和4年度「児童生徒の問題行動・不登校等生徒指導上の諸課題に関する調査結果について（確定値）」

❷ 不登校とは？

2016（平成28）年に制定された「**教育機会確保法**」では、不登校児童生徒を「**相当の期間学校を欠席する児童生徒**であって、学校における集団の生活に関する**心理的な負担その他の事由**のために就学が困難である状況として**文部科学大臣**が定める状況にあると認められるものをいう」と定義しています。

不登校の原因は、家庭や学校、友人関係など、さまざまです。いじめが原因で不登校になることも珍しくありません。いじめからうつ病になるなど、心理的な要因と身体的要因がからみ合っている場合もみられます。近年は、児童虐待による不登校が見過ごされ、子どもが死亡する事件も起きています。

不登校の子どもの学びの場として、**フリースクール**とよばれる施設も増えています。フリースクールは「学校教育法」の「学校」にはあたりませんが、一定の要件を満たした場合、フリースクールの出席日数を学校の出席日数とすることができます。

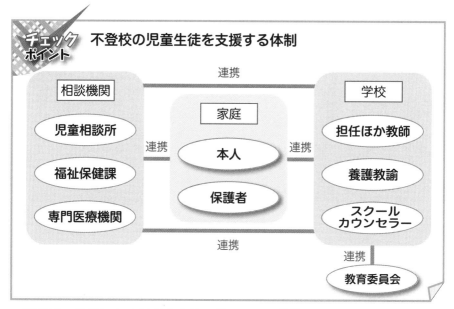

チェックポイント　**不登校の児童生徒を支援する体制**

不登校の状態にある児童や生徒に対しては、学校の**スクールカウンセラー**や保健室での指導に加え、児童相談所や病院などとの連携による支援などが行われます。

❸ ひきこもりとは？

不登校は文部科学省が担当していますが、ひきこもりは厚生労働省が担当しています。厚生労働省では、ひきこもりを、「就学、就労、アルバイトなど、外部と交流すること（**社会的参加**）を避け、**原則6か月以上**にわたっておおむね家庭内にとどまっている状態」としています。

ひきこもりの原因は1つではないことが多く、ストレスや不安感、精神疾患などの理由が複雑にからみ合い、本人も明確な理由がわからないことが少なくありません。家族との接触も避けている人、外部との交流をもたないかたちでなら外出できる人など、ひきこもりの様態はまちまちです。

厚生労働省は、2009（平成21）年度に「ひきこもり対策推進事業」を創設し、地域の相談窓口となる、ひきこもり地域支援センターの都道府県、指定都市への設置を進めています。さらに、より効果的な対応ができるように、2013（平成25）年度には**ひきこもりサポーター養成・派遣事業**が新たに始

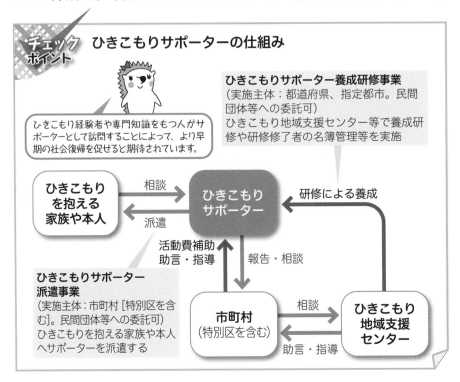

チェックポイント　ひきこもりサポーターの仕組み

ひきこもり経験者や専門知識をもつ人がサポーターとして訪問することによって、より早期の社会復帰を促せると期待されています。

ひきこもりサポーター養成研修事業
（実施主体：都道府県、指定都市。民間団体等への委託可）
ひきこもり地域支援センター等で養成研修や研修修了者の名簿管理等を実施

ひきこもりを抱える家族や本人 ─相談→ ひきこもりサポーター ←派遣─

研修による養成

活動費補助・助言・指導
報告・相談

ひきこもりサポーター派遣事業
（実施主体：市町村[特別区を含む]。民間団体等への委託可）
ひきこもりを抱える家族や本人へサポーターを派遣する

市町村（特別区を含む）─相談→ **ひきこもり地域支援センター** ←助言・指導─

まりました。

❹ 学級崩壊とは？

　学級崩壊とは、授業中の私語や立ち歩きにより、授業が成り立たなくなる状態のことをいいます。1990年代後半からこの言葉が使われるようになるとともに、授業中の問題行動の**低年齢化**が注目されるようになりました。文部省（当時）は、1999（平成11）年に、その原因として、**教師の指導力不足**のほか、**子どもの生活や人間関係の変化と家庭や地域の教育力の低下**をあげています。学級崩壊のおそれがある場合、担任教師だけの力では学級をまとめるのは難しく、学校全体で担任をサポートできるような仕組みをつくっておくことが大切です。学級崩壊をはじめとする教育現場の問題がストレスとなり、精神疾患を患う教師が多数にのぼることも社会問題となっています。

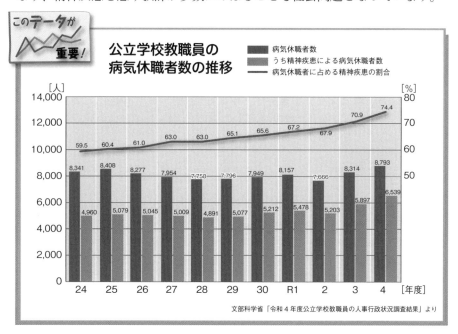

このデータが重要！

公立学校教職員の病気休職者数の推移

■ 病気休職者数
■ うち精神疾患による病気休職者数
― 病気休職者に占める精神疾患の割合

文部科学省「令和4年度公立学校教職員の人事行政状況調査結果」より

小学校に入る前に生活の基本ができていることが、就学後の学校生活をスムーズにします。

保育所での保育は、とても大切なんですね。

ハリきって トライ！

○×問題・穴うめ問題

1

穴うめ ❶ 人間の誕生の特性を生理的早産とよんだのは（ A ）である。

穴うめ ❷ ドイツの哲学者カントは「人間は（ A ）によってはじめて人間となることができる」と述べた。

2

穴うめ ❸ 「日本国憲法」第 26 条では、すべて国民は、法律の定めるところにより、その能力に応じて、ひとしく教育を受ける（ A ）を有するとしている。

○× ❹ 「教育基本法」は学校教育に関する法律であり、家庭教育や社会教育に関しては記述がない。

3

○× ❺ 現行の「学習指導要領」では、知（知識）・徳（道徳）・体（体力）のバランスのとれた「学ぶ力」の育成を理念としている。

4

穴うめ ❻ 幼稚園は、（ A ）及びその後の（ B ）を培うものとして、幼児を保育し、幼児の健やかな成長のために適当な環境を与えて、その心身の発達を助長することを目的とする。

5

穴うめ ❼ スイスに生まれ、フランスで活躍した思想家の（ A ）は、子どもと大人の本質的な違いを認め、「子どもの発見者」といわれている。

6

穴うめ ❽ （ A ）は、子どもの年齢に応じた教え方として「随年教法」を示した。

○× ❾ 1872（明治 5）年には学区制度と単線型の学校制度を構想した「学制」が公布された。

7

○× ❿ 令和 4 年度「児童生徒の問題行動・不登校等生徒指導上の諸課題に関する調査結果について」によると、いじめの認知件数（全体）は、2022（令和 4）年度に 20 万件となった。

○× ⓫ 不登校は本人と家庭の問題なので、保護者に任せるのがよい。

※※※※※※※※※※ 答え ※※※※※※※※※※

❶ （ A ）ポルトマン　❷ （ A ）教育　❸ （ A ）権利　❹ × 家庭教育や社会教育についても規定されている　❺ × 「学ぶ力」ではなく「生きる力」❻ （ A ）義務教育　（ B ）教育の基礎　❼ （ A ）ルソー　❽ （ A ）貝原益軒　❾ ○　❿× 68 万 1,948 件　⓫× 不登校の原因は学校内でのいじめなどの問題にある場合も多く、学校と家庭が連携し、相談機関などの協力を得て、解決に取り組む

第**3**章

社会的養護

レッスン 1 社会的養護とは？

社会的養護とは、子どもを社会で世話するという意味ですか？

そうですね。「子どもの養育は家庭の問題」と、家庭に任せきりにするのではなく、世話を十分に受けられない子どもや、育児のできない家庭を社会で助けようという考えで行われます。

❶「社会的養護」の意義とは？

　子どもは本来家庭で養育されます。しかし、世話をしてくれる親や親戚がいない子どもや、家庭の事情により親と生活することが難しい子どもがいます。そうした子どもを、**社会が家庭の代わりに育てることを、**社会的養護といいます。また、現代社会では、問題を抱える家族関係を調整することも、社会的養護の大切な役目となっています。

■「児童福祉法」における児童、乳児、幼児、少年の定義

児童＝満18歳に満たない者（「児童福祉法」第4条）	
❶ 乳児	満1歳に満たない者
❷ 幼児	満1歳から、小学校就学の始期に達するまでの者
❸ 少年	小学校就学の始期から、満18歳に達するまでの者

❷ 社会的養護の方法にはどのようなものがあるか？

　社会的養護には、大きく分けて**家庭と同様の環境における養育**と**施設養護**の2種類があります。家庭と同様の環境における養育とは、里親などの**住居で子どもの世話**をして、健康的な成長を支えるものです。一方、施設養護とは**専門の施設に子どもを入所あるいは通所させ、集団生活**のなかで成長を支えます。施設でも、家庭的な小規模グループで生活する場合は、**施設（小規模型）養護**といいます。

家庭と同様の環境における養育は、子ども一人ひとりに目が行き届きやすく、家庭や地域での人間関係を学べるなどの長所があります。そのため近年は**施設養護よりも家庭と同様の環境における養育を重視**するようになってきました。

■家庭と同様の環境における養育の推進

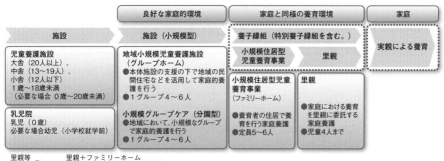

$$\frac{\text{里親等}}{\text{委託率}} = \frac{\text{里親＋ファミリーホーム}}{\text{養護＋乳児＋里親＋ファミリーホーム}} \quad \text{令和4年3月末 23.5\%}$$

こども家庭庁「社会的養育の推進に向けて」をもとに作成

❸ 社会的養護の機能とは？

社会的養護には、3つの機能があります。1つ目は、家庭で適切な養育を受けられない子どもを養育する**養育機能**です。2つ目は、虐待などから生じる発達のゆがみや心の傷を回復させる**心理的ケア等の機能**です。3つ目は、親子関係の再構築など家庭環境を調整し、自立支援、退所後のアフターケアなどを行う**地域支援等の機能**です。

社会的養護に関わる人々は、「子どもの**最善の利益**のために」という理念のもと、**子どもにとって一番いい方法**は何かを考えながら、援助を進めます。

「子どもの最善の利益」という言葉は、第1章でも勉強しましたね。

❹ 社会的養護で満たすべき子どものニーズとは？

　社会的養護で子どもを援助するにあたっては、子どもの特性とニーズを理解しておくことが大切です。子どもは、単に衣食住のニーズを満たすだけでなく、教育を受けることでさまざまな能力を引き出し、自己実現し、人格を形成しながら社会的に自立できるようにすることが必要です。そのためには、**発達段階に応じた適切な環境**を与えなければなりません。

　また、子どもにはニーズを満たす権利があります。1989（平成元）年に採択され、わが国が 1994（平成 6）年に批准した「**児童の権利に関する条約**」（「**子どもの権利条約**」）では、「**子どもは保護されるべき存在**」という考えから前進し、子どもは**権利を行使する主体**であるとしています。

条文にチャレンジ!!　「児童の権利に関する条約」

第 20 条 1　　一時的若しくは恒久的にその家庭環境を奪われた児童又は児童自身の最善の利益にかんがみその家庭環境にとどまることが認められない児童は、国が与える特別の保護及び援助を受ける権利を有する。

子どもは愛情豊かな家庭で育つことがベストですが、家庭で生活することが子ども自身の最善の利益にならない場合は、社会的養護を受ける権利があります。

---

❺ 社会的養護はどのような子どもに必要か？

　生活が豊かになった現代社会ですが、社会的養護が必要な子どもの数は増えています。特に虐待のために、親と同居するのが難しいと判断され、施設に入所する子どもの増加が目立っています。社会的養護を必要とする子どもの実態をみていきましょう。

■児童の平均年齢

	里親委託児	養護施設児	心理治療児	自立施設児	乳児院児	母子施設児
平均年齢	9.9 歳	11.8 歳	12.7 歳	13.9 歳	1.6 歳	7.6 歳

こども家庭庁「児童養護施設入所児童等調査結果（令和5年2月1日現在）」

■養護問題の発生理由

	里親委託児	養護施設児	心理治療児	自立施設児	乳児院児
第1位	父または母の精神疾患等（15.6%）	父または母の虐待・酷使（27.4%）	児童の問題による監護困難（34.7%）	児童の問題による監護困難（64.3%）	父または母の精神疾患等（25.1%）
第2位	父または母の放任・怠惰（15.6%）	父または母の放任・怠惰（18.6%）	父または母の虐待・酷使（30.3%）	父または母の虐待・酷使（14.2%）	父または母の放任・怠惰（16.3%）

こども家庭庁「児童養護施設入所児童等調査結果（令和5年2月1日現在）」

■児童の委託経路または入所経路の割合

	里親委託児	養護施設児	心理治療児	自立施設児	乳児院児
第1位	家庭から（43.9%）	家庭から（62.4%）	家庭から（60.9%）	家庭から（59.3%）	家庭から（43.8%）
第2位	乳児院から（29.8%）	乳児院から（22.5%）	児童養護施設から（15.5%）	児童養護施設から（15.7%）	医療機関から（42.6%）
第3位	児童養護施設から（11.9%）	他の児童福祉施設から（4.0%）	医療機関から（9.9%）	家庭裁判所から（12.3%）	その他から（6.2%）

こども家庭庁「児童養護施設入所児童等調査結果（令和5年2月1日現在）」

※同調査は5年ごとに行われ、直近の結果公表分は令和5年。

家庭から施設へ入所する児童が多いですね。

こども家庭庁は、養護問題発生理由の調査項目のうち、一般的に「虐待」とされる項目を「放任・怠惰」「虐待・酷使」「棄児」「養育拒否」としています。

施設養護とは?

児童福祉施設で子どもを養護することを施設養護といいます。施設養護は、古くは教会や寺院が、孤児や親に捨てられた子を引き取って育てていたのが始まりです。

❶ 社会的養護の施設にはどんなタイプがあるか?

　社会的養護の施設には、目的で大きく分けた場合、4つのタイプがあります。まず、1つ目は、**児童の健全育成**のための施設です。児童館（児童厚生施設）などがこれにあたります。2つ目は、**養育環境に問題がある児童**の施設です。児童養護施設や乳児院、母子生活支援施設がこれにあたり、家庭環境を改善できるよう保護者の支援も行います。3つ目は、**障害のある児童**の施設です。入所型の施設と通所型の施設があります。4つ目は、**情緒や行動面に問題のある児童**の施設です。これにも通所型と入所型があります。

■施設養護の形態別区分

利用	目的	施設名
入所型	養育環境に問題がある児童の施設	乳児院、児童養護施設、母子生活支援施設
	心身に障害がある児童の施設	障害児入所施設
	情緒・行動面に問題のある児童の施設	児童心理治療施設、児童自立支援施設
通所型	心身に障害がある児童の施設	児童発達支援センター
	情緒・行動面に問題のある児童の施設	児童心理治療施設、児童自立支援施設
利用型	一般児童の健全な育成のための施設	児童厚生施設

小舎制と大舎制の施設の特徴をおさえておきましょう。

❷ 子どもを養護する施設の規模は？

　子どもを養護する施設は、定員数人〜12人程度の小規模な施設（**小舎**）から、定員20人以上の大規模な施設（**大舎**）まで、さまざまです。大きな施設では、定員100人以上というものもあります。大舎制の施設では、集団で生活し、食事や入浴の時間などが決まっていて、個人の自由の範囲が限られます。施設を運営する側が管理しやすい半面、プライバシーに乏しく、**マザーリング**が不十分になりやすいというデメリットがあります。

マザーリングとは、母性的養育のことで、スキンシップや、見つめながら話しかけるなど、母親などの子育てにおけるふるまいは、子どもの情緒や知性の発達に大きな影響を与えると考えられています。

　子どもは発達の過程で特定の人物と深い信頼関係を結ぶことで、社会性の基礎を養っていますが、施設では世話をする人がしばしば交替することにより、その関係をきちんとつくれない場合もあります。そのほか、自分の要求になかなか気づいてもらえないなど、施設の生活の問題により、情緒不安定や無気力、無表情などになる状態を、**ホスピタリズム**（施設病）❶といいます。

　このような問題を重視し、近年わが国では、**地域小規模児童養護施設（グループホーム）**や**小規模グループケア（本園ユニットケア）**の割合を増やす方向で、施設のケア体制を小規模化し、できるだけ**家庭に近い環境で施設養護を行う取り組み**を進めています。

　地域小規模児童養護施設（グループホーム）とは、地域の民間住宅等を活用し、**4〜6人**までの定員で、**2人以上**の職員が子どもの世話をする施設です。大きな児童養護施設の分園として運営されます。

　小規模グループケア（本園ユニットケア）は、施設内に**4〜6人**のグループ（ユニット）ごとの生活空間をつくり、専任の職員を配置し、家庭の環境に近づけたものです。厚生労働省はこれらを**施設（小規模型）養護**とよび、里親などの住まいで行われる**家庭と同様の環境における養育**と区別しています。

❶ 1945年にスピッツが提唱し、1951年にイギリスの精神医学者のボウルビィが報告した研究によって、世界的に「ホスピタリズム論争」が巻き起こった。

レッスン 3 施設養護の実際とは？

この項では、施設養護をもう少し詳しくみていきます。保育士は、保育所だけではなく、児童養護施設や乳児院などでも働いています。施設の実際をイメージしながら、勉強を進めてください。

❶ 施設養護での援助とは？

　施設では、入所した子どもが健全な人格を形成して社会に適応できることを目指します。生活の場では、**身体的な養護**として、衣食住を含めた**日常生活の援助が、保育士、調理員、児童指導員らによって行われます**。家庭での日常の食事や入浴、睡眠などは生活習慣を学んだり、コミュニケーションを楽しむことにつながります。施設であっても、家庭的雰囲気のなかで基本的な生活習慣を学び、精神・身体の安定を図ることが大切です。

　毎日の生活は、**生活日課**という 1 日の生活プログラムに従って進みます。生活日課の目標は、規則正しい生活習慣をつくることで、効率的な施設運営のためのものではありません。生活日課は、子どもの **QOL ❶**を考え、子どもの状況に合わせて変えられるよう、融通性をもたせます。

　また、日常生活援助に加え、**ケースワーク**をともなった個別援助や、グループワークを含めた集団援助が行われます。親子分離（子どもと親が離れること）は子どもの心理的負担になるため、親が健在で、家庭復帰を目指す場合は、ファミリーケースワーク（家族も含めた個別援助）で、家庭環境の修復を図ります。

入所する子どもがスムーズに社会や家庭に復帰できるよう、さまざまな取り組みを行うのですね。

チェックポイント　ケースワークとグループワーク

ケースワーク （個別援助）	問題を抱えている子どもに対して、ケースワーカーなどが専門的な立場から、個別に援助する。
ファミリー ケースワーク	家族（親、兄弟姉妹、祖父母など）も含めた個別援助。家族の人間関係の修復や、家庭環境の改善に有効。
グループワーク （集団援助）	少人数の集団で、さまざまなプログラム活動を行い、励まし合ったり、悩みを語り合ったりして、グループ全体で社会への適応性を育てる。

社会的養護

❷ 施設の職員が守るべきものは？

　子どもを養護する児童福祉施設の運営は、「児童福祉法」「児童福祉施設の設備及び運営に関する基準」に従って行われます。「児童福祉施設の設備及び運営に関する基準」には、施設が最低限守らなければならない基準や、職員の種類、必要な人数などが規定されています。

❸ 児童養護施設とは？

　社会的養護の施設の代表的なものが、「児童福祉法」第41条に定められた児童養護施設です。入所対象となるのは、**保護者のいない児童、虐待されている児童など、養護を必要とする児童**です。戦前の孤児院のイメージとは異なり、現在では入所理由の第一位が**虐待**となっています。

　施設では、入所児童を養護するとともに、退所した子どもの相談や自立のための援助を行います。入所年齢は、原則として満1歳❷以上満18歳未満ですが、在学中であるなど、事情によっては延長することも可能です。

> 近年は、児童養護施設でも小規模なグループや小規模の分園をつくり、できるだけ家庭に近い環境で施設養護を行う、という方向に向かっています。

---

❶ QOL（クオリティ・オブ・ライフ）生活の質のこと。物質面だけでなく、精神的な豊かさや満足感なども含め、生活全体の「質」とする。❷ 満1歳未満も特例あり。

79

❹ 乳児院とは？

乳児院は、「児童福祉法」第 37 条に定められた、乳幼児のための施設です。乳児院や児童養護施設のように、「児童福祉法」に定められた施設を、**児童福祉施設**といいます。入所対象は、**両親の死亡、父母の拘禁、経済的理由**などにより**保護や養育が必要な乳幼児**です。近年は、親の死亡や病気などよりも、**虐待**など家庭環境の問題や、**心身の発達の遅れ、非婚の母の出産**などの理由が増えています。

乳幼児期の養育環境は、子どもの発達に大きく影響するため、職員が一人ひとりの乳幼児の状況に合わせて、適切な対応をとることが大切です。また、乳幼児は、体調が変化しやすいので、職員に**医療関係の専門職員**（医師または嘱託医❸、看護師）が多く配置されています。

**児童養護施設・乳児院の
看護師・児童指導員及び保育士の配置基準**

> ハリ子の数が職員1人あたりの基準となる子どもの人数です

■ 児童養護施設

児童指導員及び保育士（総数）	満 2 歳未満児：おおむね 1.6 人につき 1 人以上
	満 2 歳以上満 3 歳未満児：おおむね 2 人につき 1 人以上
	満 3 歳以上の幼児：おおむね 4 人につき 1 人以上
	少年（就学児以上）：おおむね 5.5 人につき 1 人以上
	児童 45 人以下の施設：上記の人数にさらに 1 人以上を加えること
	児童との起居：少なくとも 1 人がともにすること
看護師	乳児が入所している場合、乳児おおむね 1.6 人につき 1 人以上。ただし、1 人を下回ることはできない

■ 乳児院

乳幼児 10 人以上を入所させる施設の場合	
看護師 7 人以上（看護師に代えて一部は保育士、児童指導員でも可）	満 2 歳未満児：おおむね 1.6 人につき 1 人以上
	満 2 歳以上満 3 歳未満児：おおむね 2 人につき 1 人以上
	満 3 歳以上児：おおむね 4 人につき 1 人以上
乳幼児 10 人未満を入所させる施設の場合	
看護師（1 人を除き保育士、児童指導員に代えることができる）	7 人以上

❺ 母子生活支援施設とは？

母子生活支援施設は、「児童福祉法」第38条に定められた、母子で入所できる児童福祉施設です。

入所対象は、**配偶者（夫）がなく、家庭環境が子育てに不適切で、経済状況や心身の問題から子どもを健全に育てるには困難な状況にある女性とその子ども**です。入所の原因は、かつては配偶者の死や離婚、家出、非婚の出産などによる生活困窮でした。しかし、現在は**配偶者からの暴力（DV ＝ドメスティック・バイオレンス）**からの避難が入所理由の１位となっています❹。

職員構成では、**母子支援員**という母子両方の生活支援を行う職員と、少年を指導する職員が配置されるのが特徴です。

❻ 児童自立支援施設とは？

児童自立支援施設は、「児童福祉法」第44条に定められた、**不良行為をした子どもや、不良行為をするおそれがある子どもに生活指導を行ったり、相談に応じるなどして、自立を支援する施設**です。入所の必要がない場合は、保護者のもとから通所することができます。

■児童自立支援の内容

生活指導	規則正しい生活習慣のもとで、職員が子どもと生活しながら援助する。
学科指導	「学習指導要領」を準用しながら、子どもの抱える問題や自立目的に沿ったカリキュラム編成を行う。
職業指導	個人の特性と能力に応じた職業選択を行えるよう支援する。また技術の習得により、子どもに自信をつけさせる。

❼ 児童心理治療施設とは？

児童心理治療施設❺は、家庭環境、学校における交友関係その他の環境上の理由により社会生活への適応が困難となった子どものための施設です。精神科または小児科の医師、心理療法担当職員が配置されるのが特徴です。児童心理治療施設は、**全国で51か所**（令和４年時点）ありますが、全都道府県につくられることが切望されています。

❸ 嘱託医は、必要なときに依頼できるように、施設と取り決めをしている医師。通常は開業医などとして働いていて、施設から依頼があると診察や健康診断を行う。❹ こども家庭庁「児童養護施設入所児童等調査結果」（2023〈令和５〉年）より。❺ 2017年４月より情緒障害児短期治療施設から改称。

レッスン

4 家庭と同様の環境における
養育とは？

施設養護と家庭と同様の環境における
養育では、どちらが多いですか？

わが国では、施設養護が約8割、家庭と同様の環境における
養育が約2割となっています。欧米諸国では半数以上が後者
です。わが国でも施設養護への偏りを改め、家庭と同様の環
境における養育の割合を高めようとしています。

❶ 家庭と同様の環境における養育とは？

　家庭と同様の環境における養育は、一般の住宅で、少人数の子どもが実の親以外の成人と一緒に生活する社会的養護で、**里親**、**小規模住居型児童養育事業（ファミリーホーム）**、養子縁組里親と関連の深い**養子縁組**があります。p.85で紹介する養子縁組は「民法」に規定されており、法律的に親子関係が結ばれます。施設でずっと生活していると、ごく日常的な生活技術を知らないまま成長する心配がありますが、実際の家庭に似た環境では**生活の基礎や、家庭や地域の人間関係**を学べます。そして、子どもが自立できるようになり、自分で新たな生活を築いていくときには、家庭と同様の環境における経験や体験が手本となるのです。**世界的に、施設よりも家庭と同様の環境における養育を推進**する方向で、わが国もそのような養育の担い手を増やそうと努力しています。

❷ 里親とは？

　里親とは、社会的養護を必要とする子どもを、**自分の住まいで養育する人**のことです。強制や推薦でなるものではなく、希望した人が自分で**児童相談所を通して都道府県知事に申請**します。ただし、誰でもなれるものではなく、**里親になる要件を満たしていることが確認され**、都道府県知事に認められた場合にのみ里親として**登録**されます。

チェックポイント　里親に必要な要件

子どもが安心して生活できるように、里親になることを希望する人には、次の要件を満たすことが求められます。

理解
熱意
愛情

要保護児童の養育に理解があり、熱意と愛情をもっている

経済事情

経済的に困っていない

研修

都道府県知事が行う養育里親研修を修了
※専門里親・養子縁組里親は別研修

本人も同居人も欠格事由にあてはまらない

過去に児童虐待をした者、禁錮以上の刑に処されてその執行が終わっていない者、などの欠格事由にあてはまらない

　里親には次の4種類があります。最も多い**養育里親**は、法律上、自分に**扶養義務がない、保護が必要な子ども**を里親として養育します。世間一般の里親のイメージにあたるのは、この養育里親です。**専門里親**は、養育里親のうち、特別な研修を受けて、①**虐待などで心身に傷を負っている**、②**非行がある・非行のおそれがある**、③**身体障害、知的障害、精神障害がある**、といった特別な配慮が必要な子どもを養育します。

　親族里親は、**その子どもに対して扶養義務がある人物**（祖父母など）**が里親になるもの**です。おじ、おばなど扶養義務がない親族が里親になることを希望する場合には、養育里親となります。最後に、保護の必要な子どもを**養子にすることを希望する者が里親になる、養子縁組里親**があります。

■里親の種類

	養育里親		親族里親 （おじ、おばを除く）	養子縁組里親
		専門里親		
対象児童	要保護の児童	特別な配慮が必要な要保護の児童	要保護の児童で、扶養義務のある親族	要保護の児童で、養子縁組が可能

　いずれの里親にも**養育費**、生活諸費（食費や衣服のための費用）、医療費、教育費などが支給されます。養育里親と専門里親には、他に里親手当が支給されます。里親に委託される子どもに、年齢の制限はありませんが、乳幼児、特に乳児院から児童養護施設に移る前には、里親に委託する可能性が検討されます。また、1人の里親が同時に養育できる子どもの数は、**1〜4人**です。

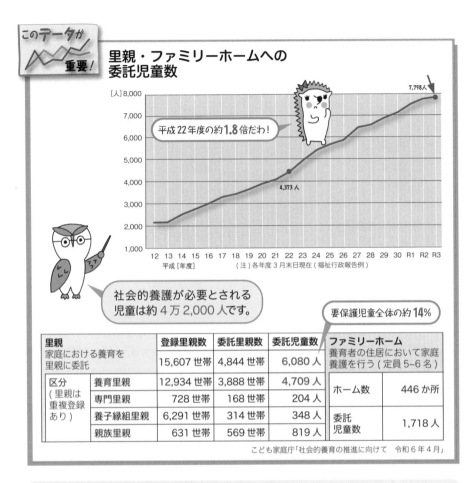

里親・ファミリーホームへの委託児童数

[人]8,000

7,798人

平成22年度の約**1.8**倍だわ！

4,373人

7,000

6,000

5,000

4,000

3,000

2,000

1,000

12 13 14 15 16 17 18 19 20 21 22 23 24 25 26 27 28 29 30 R1 R2 R3
平成［年度］　　　　　（注）各年度3月末日現在（福祉行政報告例）

社会的養護が必要とされる児童は約4万2,000人です。

要保護児童全体の約**14%**

里親 家庭における養育を里親に委託		登録里親数	委託里親数	委託児童数	ファミリーホーム 養育者の住居において家庭養護を行う（定員5~6名）	
		15,607世帯	4,844世帯	6,080人		
区分 （里親は重複登録あり）	養育里親	12,934世帯	3,888世帯	4,709人	ホーム数	446か所
	専門里親	728世帯	168世帯	204人		
	養子縁組里親	6,291世帯	314世帯	348人	委託 児童数	1,718人
	親族里親	631世帯	569世帯	819人		

こども家庭庁「社会的養育の推進に向けて　令和6年4月」

❸ 小規模住居型児童養育事業（ファミリーホーム）とは？

　小規模住居型児童養育事業とは、**1軒の住宅で、5～6人の子どもを養育する**家庭と同様の環境における養育の事業です。「事業」というのは、「福祉事業」つまり、福祉の仕事ということです。

　ここで生活する子どもたちは、家族のように養育者と同じ住宅で寝起きし、生活の基礎や社会性を養うことができます。子どもの世話をするのは、**養育者2人（夫婦）**と**補助者1人以上**です。また、家庭的環境が確保されている場合には、養育者1人と補助者2人以上とすることができます。養育者は、ファミリーホームに**生活の本拠を置いて**いなければなりません。

　小規模住居型児童養育事業は、都道府県知事等が適当であると認めた事業

者であれば個人でも法人でも営むことができます。**個人の場合、養育里親の経験者もしくは施設職員❶の経験者**です。法人の場合は、職員として養育者と非常勤職員が配置されます。職員が頻繁に交替すると、人間関係を築きにくくなるので、法人側の配慮が必要です。

■里親、ファミリーホーム、グループホームの比較

	里親	ファミリーホーム	グループホーム	小規模グループケア（分園型）
			地域小規模児童養護施設	
形態	家庭と同様の養育環境		施設（小規模型）	
位置づけ	個人	多くは個人事業者。法人も可能	児童養護施設などの一部	
措置児童数	1～4人	定員5～6人	定員4～6人	定員4～6人
養育の体制	里親（夫婦または単身）	養育者と補助者が合わせて3人以上	専任の児童指導員または保育士を2人、その他の職員（非常勤可）	児童数に応じた配置に専任の児童指導員または保育士1人を加配

家庭と同様の環境における養育の問題点としては、担い手が不足していることがあります。以前より改善しているとはいえ、里親への理解が十分に進んでいるとはいえません。また、家庭と同様の環境における養育でも養育者による虐待のおそれはあります。家庭と同様の環境における養育に対しても、継続的なサポートや、生活状況のチェックが必要です。

❹ 養子縁組

養子縁組は、保護者のいない子どもや家庭に恵まれない子どもと、**法律的に親子の関係**を結ぶ制度です。児童相談所のほか、民間のあっせん団体が養子縁組の仲立ちをしています。

養子縁組には、**普通養子**と**特別養子**の2種類があります。特別養子の場合は、実の親とは法律上の親子関係はなくなります。

諸外国に比べると、わが国は養子縁組に消極的で、制度が十分に活用されているとはいえません。要保護の子どもが増えるなか、養子縁組で安定した家庭生活を送れる子どもを増やすために、制度をもっと理解してもらう活動や、サポート体制の充実などが求められています。

❶ 乳児院、児童養護施設、児童心理治療施設、児童自立支援施設の職員経験者に限定されている。

レッスン 5 障害のある子どものための施設とは?

> 障害児のための施設は、2012(平成24)年から、入所施設は「障害児入所施設」に、通所施設は「児童発達支援センター」に一元化されました。ここでは、各施設について詳しくみていきましょう。

❶ 障害児入所施設とは?

障害児入所施設には、治療の機能をもたない**福祉型障害児入所施設**と、治療も行う**医療型障害児入所施設**があり、障害の状態から**都道府県の措置**により入所先が判断されます。ただし現状では、保護や治療が必要な障害児が増加しているのに施設の増加が追いつかず、やむなく児童養護施設で保護するケースも少なくありません。それぞれの施設は「**児童福祉施設の設備及び運営に関する基準**」により、施設の設備基準や職員の数が定められています。

❷ 福祉型障害児入所施設とは?

福祉型障害児入所施設は、障害児の保護、日常生活における基本的な動作及び独立自活に必要な知識技能の習得のための支援を行う施設で、①主として知的障害のある児童を入所させる施設、②主として自閉症児を入所させる施設、③主として盲ろうあ児を入所させる施設、④主として肢体不自由のある児童を入所させる施設の4種類に分かれています。

❸ 医療型障害児入所施設とは?

医療型障害児入所施設は、**病院の機能をもつ施設**です。保育士や児童指導員のほかに、「医療法」に規定された、病院として**必要な医師や看護師を配置**しています。入院の必要な障害児に対応し、次のタイプに分かれます。

	主として自閉症児を入所させる施設	主として肢体不自由のある児童を入所させる施設	主として重症心身障害児を入所させる施設
対象児童	入院させる必要のある自閉症児	入院を必要とする肢体不自由児。脳性まひによる障害など	常時介護を必要とする重症心身障害児。全面介助を必要とする障害児
特徴	医療に重点を置いた支援	理学療法士または作業療法士を配置	理学療法士または作業療法士、心理担当職員を配置。年齢制限がなく、満20歳を過ぎても在所可能

チェックポイント　福祉型障害児入所施設の看護師、児童指導員及び保育士の配置基準

主として知的障害のある児童を入所させる福祉型施設	
児童指導員及び保育士（総数）	おおむね児童の数を4で除して得た数以上
	児童30人以下の施設：上記の人数にさらに1人以上を加える
主として自閉症児を入所させる福祉型施設	
児童指導員及び保育士（総数）	おおむね児童の数を4で除して得た数以上
	児童30人以下の施設：上記の人数にさらに1人以上を加える
看護職員	児童おおむね20人につき1人以上 ×20
主として盲ろうあ児を入所させる福祉型施設	
児童指導員及び保育士（総数）	児童おおむね4人につき1人以上
	児童35人以下の施設：上記の人数にさらに1人以上を加える
主として肢体不自由のある児童を入所させる福祉型施設	
児童指導員及び保育士（総数）	おおむね児童の数を3.5で除して得た数以上
看護職員	1人以上

④ 児童発達支援センターとは？

　児童発達支援センターとは、障害児のための通所施設で、地域の障害児の健全な発達において中核的な役割を担う機関です。障害児に対し、日常生活における基本的な動作及び知識技能の習得並びに集団生活への適応のための支援を行い、肢体不自由児を対象とする治療を行います。また、障害児の家族や指定障害児通所支援事業者その他の関係者に対しては、相談、専門的な助言その他の必要な援助を行います。

レッスン
6 児童厚生施設とは？

「児童厚生施設」とはどんな施設のことを指すのですか。

「児童館」や「児童遊園」がそれにあたります。これらも保育士有資格者の職場となっています。

❶ 児童厚生施設とは？

児童厚生施設とは、子どもの**健康と情操のために、健全な遊びを与える**、児童館、児童遊園などの施設です。「**児童福祉法**」第 40 条に定められた、児童福祉施設の 1 つです。**不特定多数の子どもが自由に利用できる**ところが、ほかの児童福祉施設とは大きく異なります。

児童厚生施設には、**児童の遊びを指導する者**を配置することになっています。児童の遊びを指導する者になれるのは、**保育士、教諭（幼稚園、小・中学校、高校のいずれでも可）、社会福祉士の資格**をもっている人などです。遊びの場としての機能だけでなく、保護者の相談に応じるなど、子育てをサポートする機能ももっているところが少なくありません。

■児童館の種類

	小型児童館	児童センター	大型児童館（A 型）
特徴	地域密着型	小型児童館の機能に加え、運動設備を備える	建物の広さが 2,000㎡以上あり、都道府県の児童館の中心的役割をもつ
職員	児童の遊びを指導する者 2 人以上	児童の遊びを指導する者 2 人以上 体力増進指導者を置くことが望ましい	児童の遊びを指導する者 2 人以上 体力増進指導者を置くことが望ましい

屋内型の施設が児童館、屋外型の施設が児童遊園です。

> 小学生のための施設である放課後児童クラブでも、保育士が活躍できるんですね。

❷ 放課後児童クラブとは？

児童館のなかには、**放課後児童クラブを併設**しているところが多くあります。放課後児童クラブとは、以前は学童保育とよばれていたものです。放課後児童クラブは、「児童福祉法」で、**放課後児童健全育成事業**として位置づけられていて、「社会福祉法」では、**第二種社会福祉事業**に位置づけられています。第二種社会福祉事業は、社会福祉法人ではない民間企業などが行政に届け出をすることで営むことができる事業です。

放課後児童クラブの運営にあたっては、2015（平成27）年に策定された**「放課後児童クラブ運営指針」**を参考にすることが求められています。ただし、これは最低基準ではなく、全国的な標準としてつくられたものです。

運営指針では、放課後児童クラブの対象は、**保護者が仕事等により昼間家庭にいない小学校就学児童**としています。また、職員として、**放課後児童支援員を配置**しなければならないとしています。

また、2014（平成26）年度から始まった**「放課後子ども総合プラン」**では、文部科学省が推進する「放課後子供教室」と、厚生労働省が管轄する「放課後児童健全育成事業」により、**学校・地域・家庭が連携して**子どもの学びや育ちを支えることをうたっています。令和元年度からは、「新・放課後子ども総合プラン」が実施されています。

条文に
チャレンジ!!　「児童福祉法」第6条の3

> 2　この法律で、放課後児童健全育成事業とは、小学校に就学している児童であって、その保護者が労働等により昼間家庭にいないものに、授業の終了後に児童厚生施設等の施設を利用して適切な遊び及び生活の場を与えて、その健全な育成を図る事業をいう。

> 子どもが放課後に事件に巻き込まれたり、地域に子どもが安心して遊べる場所が少なくなっていたりすることから、保育所の充実とともに「放課後児童クラブ」もまた充実が望まれています。

社会的養護

ハリきって トライ！

該当
レッスン

○×問題・穴うめ問題

1

穴うめ ❶ 「社会的養育の推進に向けて」では、「家庭と同様の養育環境」を養子縁組（特別養子縁組を含む）、小規模住居型児童養育事業、（ A ）としている。

穴うめ ❷ 社会的養護は、その始まりから（ A ）までの継続した支援が望まれる。

2

○× ❸ 近年は要保護の児童が増えているため、児童養護施設の大規模化が進んでいる。

○× ❹ 地域小規模児童養護施設や小規模グループケアは、家庭と同様の環境における養育とよばれている。

3

○× ❺ 乳児院には、看護師が配置されている。

穴うめ ❻ 児童自立支援施設は、（ A ）をした子どもや、（ A ）をするおそれがある子どもに（ B ）を行ったり、相談に応じるなどして、自立を支援する施設である。

4

○× ❼ 登録里親数は、約1万5千世帯である。

○× ❽ 小規模住居型児童養育事業（ファミリーホーム）は、5人または6人の児童を養育者の家庭において養育を行う取り組みである。

5

○× ❾ 福祉型障害児入所施設のうち、主として自閉症児の入所する施設には、児童おおむね20人につき1人以上の看護師の配置が定められている。

穴うめ ❿ 障害児のための通所型の施設を（ A ）センターという。

6

○× ⓫ 児童厚生施設には、児童指導員が配置される。

穴うめ ⓬ 放課後児童クラブの対象は保護者が仕事等で昼間家庭にいない（ A ）である。

✦✦✦✦✦✦✦✦✦✦✦✦✦✦✦ 答え ✦✦✦✦✦✦✦✦✦✦✦✦✦✦✦

❶（A）里親　❷（A）アフターケア　❸× 施設は小規模化に向かっている　❹× 施設（小規模型）養護とよばれている。家庭と同様の環境における養育は里親などの住まいで行われる形態をいう　❺○　❻（A）不良行為（B）生活指導　❼○　❽○　❾○　❿（A）児童発達支援　⓫×
児童指導員ではなく、児童の遊びを指導する者　⓬（A）小学校就学児童

第4章

子ども家庭福祉

レッスン 1 子ども家庭福祉とは？

「子ども家庭福祉」とはどういう意味の言葉なんですか？

家庭と地域が連携し、社会全体で子どもを育てようという、今の時代の考え方と合わせて、かつての「児童福祉」という言葉が、「子ども家庭福祉」になりました。

❶「子ども家庭福祉」とは？

　これまでの**児童家庭福祉**は、現在、**子ども家庭福祉**といわれています。従来の「児童福祉」や「児童家庭福祉」を、「子ども家庭福祉」というようになったのは、福祉についての考え方や、子育てについての考え方が変わったことによります。かつて「児童福祉」には、戦争などで親を失った子どもや、親に遺棄された子どもを引き取り、最低限の生活を保障するなど、「保護」の機能が強く求められていました。また、当時の世の中では、子どもは親の所有物として、親が子どもを養育するのは当然だと考えられていました。

　人権が尊重され、自己実現することをウェルビーイングといい、近年では、子どもに対してもウェルビーイングを確保し、**自立を支援**することが求められています。

　また、子どもの**生活基盤である家庭が安定**し、**親が親として成長**できるように、行政が子どもをもつ家庭に関わっていくべきだと考えられるようになりました。さらに、子どもは親だけでなく、**社会全体の子ども**でもあり、**地域の人が協力し合って子育て**しようという考えが広まっています。

　こうした変化にともない、より広い分野の人々が子どもや子育て家庭に関わるようになっています。

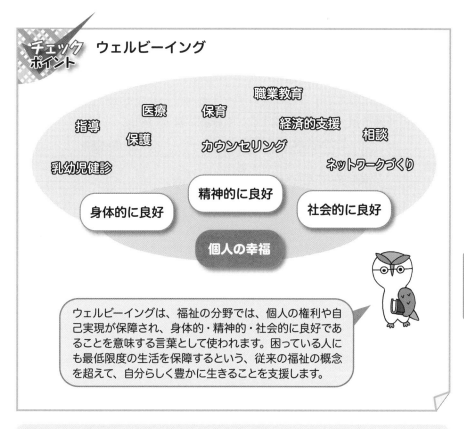

職業教育

医療　保育

指導　　　　　　経済的支援

保護　　　　　　　　　相談

カウンセリング

乳幼児健診　　　　　　　　　　ネットワークづくり

精神的に良好

身体的に良好　　　　社会的に良好

個人の幸福

ウェルビーイングは、福祉の分野では、個人の権利や自己実現が保障され、身体的・精神的・社会的に良好であることを意味する言葉として使われます。困っている人にも最低限度の生活を保障するという、従来の福祉の概念を超えて、自分らしく豊かに生きることを支援します。

❷ 子ども家庭福祉の対象とは？

　子ども家庭福祉の対象には、次の4つがあります。

❶子どもに対する支援

　子ども自身の成長・発達のための支援には、子どもの保護や保育のほか、乳幼児健康診査や、健全な遊びの提供なども含まれます。家庭環境や障害の有無を問わず、すべての子どもが対象になります。

❷保護者に対する支援

　母親学級や父親学級、助産師や保健師などの家庭訪問などで、技術指導やアドバイスを行うほか、子育てにかかるお金の支援、子育ての悩み相談などを行います。

❸親子関係の支援

　虐待、不登校など問題を抱える親子のカウンセリングなどのほか、親子の

絆を深めたり、再構築したりする場や機会を提供します。

❹育む環境の育成

　保育所や公園の整備、子育て中の人が地域で交流できる場の提供、地域の
さまざまな世代の人が子育てに協力する仕組みづくりなどを行います。

■従前の「児童福祉」と現代の「子ども家庭福祉」の対比

	児童福祉	子ども家庭福祉
理念	ウェルフェア（保護的福祉）、最低限度の生活保障	ウェルビーイング（人権尊重、自己実現）、自立支援
サービス	与える（与えられる）	選ぶ（選ばれる）
施策	点の福祉（単一のサービスを単一の方法で提供）	面の福祉（行政が必要なサービスを、複数の手法で提供する）
子ども観	子どもは親のものなので親が育てる	子どもは家庭と社会で育てる
家庭への介入	なるべく介入しない	子どもの権利のために介入する
性格・特徴	救貧的・慈恵的（困っているから助ける）事後処理	権利保障（市民としての権利を保障する）事後処理＋予防・促進・啓発・教育

従前の児童福祉と最近の子ども家庭福祉
の考え方では、大きな違いがあります。子
どもに関わる仕事を目指すため、その変
化に目を向けながら勉強を進めましょう。

❸ わが国の児童家庭福祉の歴史とは？

＜江戸時代まで＞

　わが国で最初に子どもを救済する事業を行ったのは、飛鳥時代の聖徳太子
だといわれています。政治の責任者である摂政という地位にいた聖徳太子は、
仏教の教えに従って、「四箇院」という施設を建てたと伝えられています。

　奈良時代には、光明皇后が個人で施設を設けるなど、仏教の信仰があつい
天皇や仏教者による救済が行われました。その後も長く、**国家として子ども
の救済事業が行われることはなく、寺院や個人で子どもの保護**が行われてき
ました。国際交流が盛んになった室町時代には、宣教師による**児童保護**が行
われ、イエズス会の宣教師アルメイダは、**乳児院**を設けています。

　江戸時代には、幕府や藩が子どもを捨てることを禁止したり、**五人組**を利

用した近隣住民による互助制度をつくりました。しかし、飢饉（ききん）や天災がある
と、親が子どもを売ったり、遺棄することが行われました。

<明治～昭和初期>

　明治時代に入ると、西洋の影響を受け、さまざまな施設がつくられるよう
になります。非行少年のための**池上感化院**を設けた**池上雪枝**（いけがみゆきえ）は神道の指導者
でしたが、**岡山孤児院**を開いた**石井十次**（じゅうじ）、わが国初の知的障害者施設として
滝乃川学園を開設した**石井亮一**（りょういち）、現在の児童自立支援施設の原型となる**家庭
学校**を開いた**留岡幸助**（とめおかこうすけ）など、キリスト教徒の活躍が目立つのが明治期の特徴
です。

　法律では、1874（明治7）年、**江戸時代の共同体的な救貧制度を引き継
いだ恤救規則**（じゅっきゅうきそく）が制定されました。また、1900（明治33）年には8歳以上16
歳未満の不良行為をなした、またはそのおそれのある少年を教化するために
「感化法」が公布されています。

　大正時代には、知識層で社会福祉や児童福祉に対する関心が高まり、**エレ
ン・ケイ**の『児童の世紀』が翻訳出版されます。世界的にも、19世紀末から
20世紀初頭にかけて、社会主義の台頭や第一次世界大戦などにより、児童保
護を訴える声が高まりました。アメリカのルーズベルト大統領が1909年に
開催した**第一回児童福祉ホワイトハウス会議**（白亜館会議）では、「**家庭は、
文明の最高の創造物である**」「緊急やむを得ない事情がない限り、児童を家庭
から切り離してはならない」という家庭尊重の原則が打ち出され、以後の児
童福祉に大きな影響を与えました。

　昭和時代に入ると、1929（昭和4）年「**救護法**」、1933（昭和8）年「**児
童虐待防止法**」と1937（昭和12）年「**母子保護法**」が制定され、法体制が
改められます。ただし、「大日本帝国憲法」には、基本的人権という考え方は
なく、子どもや女性は家に従属する存在とみなされていました。

　しかし、第二次世界大戦後、「日本国憲法」が制定され、**すべての人に人権
が認められるように**なります。女性も子どもも一人の人間として人権が保障
されるようになり、新たな福祉システムがつくられていきます。

「すべての人に人権がある」という考え方は、
最近になってようやくできたものなのですね。

レッスン
★2 子ども家庭福祉に関わる法律とは？

> 「児童福祉法」を中心に、関連する法律をみていきましょう。子ども家庭福祉に関する法律は、近年多く改正されています。どのように改正されたのかを流れで理解することが重要です。

❶「児童福祉法」とは？

「児童福祉法」とは、**児童福祉の中心となる法律**です。制定されたのは、第二次世界大戦の終戦後まもない1947（昭和22）年でした。その後、社会の変化に合わせて改正を重ねています。

内容は、法律の規定に関連する人々（児童、障害児、妊産婦、保護者）の定義、法律に従って施策を行う機関の業務や費用負担、児童福祉に関する業務の大枠などです。また、「児童福祉法」の内容を実施するために、次の3つの法令❶が定められています。

■「児童福祉法」と関連する3つの法令

「児童福祉法」		
「児童福祉法施行令」	「児童福祉法施行規則」	「児童福祉施設の設備及び運営に関する基準」
政令	内閣府令・厚生労働省令	内閣府令
「児童福祉法」による「福祉の保障」のうち、医療・療育・保育・里親・児童福祉施設・保育士試験などについての実施基準。	「児童福祉法」による児童福祉司、児童相談所、医療、療育、児童福祉施設、保育士養成施設、保育士試験事務規程・実施要綱など。	「児童福祉法」第45条の規定による児童福祉施設の設備及び運営についての最低基準。

❷ 近年の「児童福祉法」の改正ポイントとは？

　近年の「児童福祉法」の改正は、少子化の進行や、女性の社会進出、児童虐待事件の増加など社会的な変化と、福祉についての考え方の変化を踏まえています。1997（平成9）年、制定以来はじめての本格的な改正が行われ、その後何度も改正が行われています。

■「児童福祉法」の改正ポイント（1997 ～ 2010 年）

改正年	改正ポイント
1997（平成9）	・保育所が措置利用から選択利用へ変更、保育料は応能負担*1から応益負担へ変更 ・学童保育を放課後児童健全育成事業として法定化 ・児童家庭支援センターの創設
2001（平成13）	・保育士の資格が国家資格になり、有資格者でないと保育士と名乗れなくなる（2003〈平成15〉年から） ・認可外保育施設への監督を強化 ・主任児童委員の法定化
2004（平成16）	・乳児院に幼児、児童養護施設に乳児も入所可能になる ・里親の監護・教育・懲戒権を規定 ・市町村が児童家庭相談の窓口となり、児童相談所の対応は要保護性が高い事例が中心となる
2008（平成20）	・子育て支援事業に乳児家庭全戸訪問事業、養育支援訪問事業、地域子育て支援拠点事業、一時預かり事業を追加 ・家庭的保育事業（保育ママ）の法定化 ・小規模住居型養育事業（ファミリーホーム）の創設
2010（平成22）	・障害児の定義に精神障害児が加えられる（発達障害児も精神障害児に含まれる） ・障害児入所施設と児童発達支援センターの創設 ・障害児支援事業として放課後等デイサービスと保育所等訪問支援の創設

＊1　所得に応じた負担（保育料）を支払うこと。

現在の制度に直接つながる内容を中心にまとめています。何度も改正を重ね、施設やサービスが法的に位置づけられたり、支援の対象が拡大されたりしてきました。

❶ 法律は、国会で議決されたものだけをいい、法令には省庁が発した省令なども含まれる。

■「児童福祉法」の改正ポイント（2011年以降）

改正年		改正ポイント
2011 （平成23）	児童虐待の防止	里親等委託中及び一時保護中の児童に親権者がいない場合の児童相談所長の親権代行についての規定を追加
2012 （平成24）	障害児支援	「障害者自立支援法」から「障害者総合支援法」への変更にともない、障害児の定義に難病等の児童が追加
2014 （平成26）	難病支援	小児慢性特定疾患が小児慢性特定疾病とされ、医療費支援や自立支援事業が規定された（実施主体は都道府県等）（平成27年1月施行）
	子育て支援	「子ども・子育て支援法」の成立に伴い、放課後児童健全育成事業や家庭的保育事業などの規定が改正された（平成27年4月施行）
	児童福祉施設	児童福祉施設に幼保連携型認定こども園が加わり12種別となった（平成27年4月施行）
2016 （平成28）	児童福祉法の理念	第1条、第2条において「児童の権利に関する条約」にのっとったものであることが明確にされた。また、保護者が第一義的責任を有することも明記された
	児童相談所	都道府県が児童相談所に弁護士の配置またはこれに準ずる措置を行うとされた
	児童心理治療施設	情緒障害児短期治療施設から改称、対象児童が家庭環境、学校における交友関係その他の環境上の理由により社会生活への適応が困難となった児童とされた（平成29年4月施行）
	一時保護	児童相談所長は、満20歳に達するまで児童を一時保護できるようになった（平成29年4月施行）
2017 （平成29）	司法関与	虐待を受けている児童等の保護者等に対する指導について、家庭裁判所が関与することができるようになった
	一時保護	児童相談所長等が行う一時保護が、親権者等の意に反して2か月を超える場合、家庭裁判所の承認を得なければならないことになった
2019 （令和元）	体罰の禁止	児童相談所長、児童福祉施設長、小規模住居型児童養育事業の養育者、里親が体罰を加えることができないとされた（令和2年4月施行）（同時に児童虐待の防止等に関する法律も改正され、保護者等親権者がしつけに際して体罰を加えてはならないとされた）
2022 （令和4） [2024年施行]	子育て支援体制強化	・母子健康包括支援センター→こども家庭センターに変更 ・子育て世帯訪問支援事業、児童育成支援拠点事業、親子関係形成支援事業などの事業を新設
	障害児支援	・医療型児童発達支援を児童発達支援と一元化し対象をすべての障害児に拡大 ・放課後等デイサービスの対象を拡大
	児童福祉施設	里親支援センター（第二種社会福祉事業）を創設
	自立支援	都道府県は、措置解除者等の実情を把握し自立に必要な援助を行う

❸「児童福祉法」以外の子ども家庭福祉を扱う法律とは？

　子どもの生活の安定には、家庭の経済的安定が欠かせないことから、わが国では子どものいる低収入の家庭を援助する仕組みがつくられています。そのための法律は、対象や支援の内容ごとに分かれていて、家庭によっては複数の法律の対象になります。下記の法律のほか、母子家庭等の自立支援などについて規定する「**母子及び父子並びに寡婦福祉法**」（1964〈昭和39〉年、「母子福祉法」として制定。1981〈昭和56〉年、2014〈平成26〉年名称変更）も、経済的支援に関係しています。

■それぞれの法律の対象

「児童扶養手当法」	1961 （昭和36）	父または母と生計を同じくしていない児童。母子家庭と父子家庭が対象。所得による支給制限がある。
「特別児童扶養手当等の支給に関する法律」	1964 （昭和39）	自宅で養育される障害児。在宅の特別障害者*にも支給。
「児童手当法」	1971 （昭和46）	中学3年修了までの子ども。
「生活保護法」	1950 （昭和25）	要保護の世帯。教育扶助、出産扶助なども受けられる。

＊ 満20歳以上の常時特別の介護を必要とする者。

　そのほか、妊娠・出産に関わる保健指導や健康診査などを規定する「**母子保健法**」（1965〈昭和40〉年制定）、子どもを虐待や犯罪から守るための「児童虐待の防止等に関する法律」（「**児童虐待防止法**」）（2000〈平成12〉年制定）、「児童買春、児童ポルノに係る行為等の処罰及び児童の保護等に関する法律」（「**児童買春・児童ポルノ禁止法**」）（1999〈平成11〉年制定）、配偶者間等の暴力（ドメスティック・バイオレンス）から被害者を守る「配偶者からの暴力の防止及び被害者の保護等に関する法律」（「**DV防止法**」）（2001〈平成13〉年制定）なども、子ども家庭福祉において重要な法律です。

　2023（令和5）年4月1日には「**こども基本法**」が施行され、同12月にこの法律に基づき「**こども大綱**」が策定されました。この大綱では、子どもに関する取り組みや政策を社会のまんなかに据える「**こどもまんなか社会**」の実現に向け、政府全体の子ども施策の基本的な方針等を定めています。

レッスン 3 子ども家庭福祉行政とは？

保育士は、子どもの保護者と子ども家庭福祉の行政機関の間で、専門の相談窓口との仲立ちをすることも役割の1つです。行政機関の仕事のあらましを知っておきましょう。

❶ 子ども家庭福祉に関わる行政とは？

　国、地方公共団体（都道府県、特別区、市町村）に、それぞれ子ども家庭福祉を担当する行政機関があります。国では、2023（令和5）年に創設された**こども家庭庁**が主に担当し、保育、少子化対策、虐待防止、子育て支援、母子保健など、子ども家庭福祉の各方面についての総合的企画、立案、予算などを行っています。

　また、地方公共団体には、**児童福祉審議会**が置かれていて、子ども家庭福祉分野の仕事をしている人、学識経験者、関係団体代表などで公正な判断をすることができる者が参加し、下記の事柄について調査審議を行っています。以前は、国にも中央児童福祉審議会がありましたが、現在は**社会保障審議会**に統合されています。

■児童福祉審議会（こども家庭審議会、社会保障審議会、都道府県児童福祉審議会）の審議

（国）内閣総理大臣が児童福祉施設の運営と設備についての最低基準を決めるとき。里親の養育などについて、最低基準を決めるとき。
（国・都道府県・指定都市）児童福祉施設の事業停止を命ずるとき。
（都道府県・指定都市）知事・市長が、里親の認定をするとき。
（都道府県・指定都市）知事・市長が、施設入所等の措置を決定するときと解除するとき。
児童や知的障害者にふさわしい芸能、出版物、玩具、遊戯などの文化財を推薦し、それらの製作や興行・販売を行う者などに対して必要な勧告を行う（社会保障審議会と都道府県児童福祉審議会）。

❷ 子ども家庭福祉の実施機関とは？

　施策に従って、子どもや保護者に対し、福祉サービスを提供する窓口となる機関としては、まず、**市町村**があります。市町村は子どもや妊産婦の存在を把握し、受けられるサービスの情報を提供します。認可保育所の入所申し込み先も市町村です。

　専門知識が必要な場合は、**児童相談所の技術的援助や助言、判定❶**を求めます。

　都道府県は、市町村間の連絡調整などのほか、子どもとその保護者について調査・判定を行ったり、一時保護を行うなど、子どもの施設入所に関わることも行います。また、必要があれば、市町村に対して助言を行うことができます。

　また、虐待などについての相談で最も重要な働きをしているのは、**児童相談所**です。児童相談所は、「児童福祉法」に基づく行政機関で、都道府県、指定都市に設置が義務づけられています。「児童虐待の防止等に関する法律」（「児童虐待防止法」）では、虐待防止の第一線の実施機関に位置づけられています。

チェックポイント　児童相談所の主な業務

① 相談の受け付け

児童のさまざまな問題について家族・親戚、学校、警察、保健所、本人などからの相談を受け付ける（電話、面接、文書など）。

② 調査・診断・判定

相談を受けた内容を、主に児童福祉司、相談員が、児童及びその家庭を調査し、専門家も加わって診断、判定を行い、援助方針を立てる。

③ 指導と措置

判定の結果に基づき、在宅指導、児童福祉施設への入所措置、そのほかの援助が行われる。場合によっては、医療機関への委託、家庭裁判所への送致なども。

④ 児童の一時保護

緊急に児童を保護する必要があると、児童相談所長または都道府県知事が認めた場合に、一時保護を行う。警察署、児童福祉施設などに委託することも可能。

※保護者への指導は、一時保護等を行った児童福祉司等以外の者が当たらなければならない。

---

❶ 子ども家庭福祉における判定とは、医学的、心理学的、教育学的、社会学的、精神保健の見地から、総合的に見て判断をすること。

児童相談所では、子どもや保護者などからの相談を受けた後、多くの人が
関わって援助が進められます。児童福祉施設に入所させる場合は、児童相談
所長は子ども本人と保護者の意向を聞くことが義務づけられています。ただ
し、**緊急を要する場合は、保護者の意見に反しても、必要な措置をとること
ができます。**

■ 児童相談所における相談援助活動の流れ

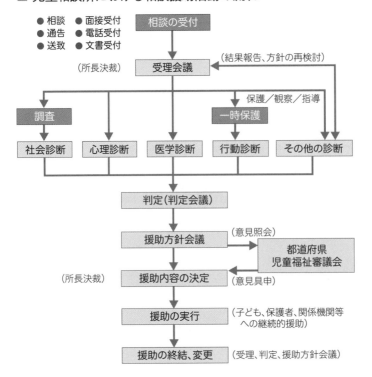

一時保護は都道府県知事または児童相談所長が行いま
すが、緊急の場合を除き、子どもおよび保護者の同意が
必要です。また、親権者等の意思に反して一時保護を行
う場合には、家庭裁判所または簡易裁判所に一時保護状
を請求し、その決定に従わなければなりません。

❸ そのほかの実施機関は？

「社会福祉法」に基づき、母子および父子並びに寡婦福祉、生活保護など、経済的な問題の窓口となっているのは、**福祉事務所**です。福祉事務所は**都道府県、市、特別区**には必ず設けられていて、町村は地域の実情に合わせて設置します。福祉事務所内には、**家庭児童相談室**があり、社会福祉主事と非常勤の家庭相談員が子育てに関する相談に対応しています。

母子保健を担当しているのは、**保健所、市町村保健センター**です。市町村保健センターでは健康診査、保健指導などを行います。妊娠した女性が**市町村長に妊娠の届け出を行うと母子健康手帳が交付され、**市町村保健センターは母親学級などを通して情報を発信し、産後は新生児の訪問指導サービスなどを行い、子育てを支援します。また、身体に障害のある子どもや病気で長期療養が必要な子どもに対しては、療育指導❷を行います。一方で、保健所ではより広域的・専門的な業務（疫病の予防、衛生の向上）を担当しています。

 児童相談所と福祉事務所の主な職員の対比

> どちらも福祉に関係する職場ですが、職員の構成は大きく異なります。

	児童相談所	福祉事務所
職員構成	所長、社会福祉士、児童福祉司＊¹、児童心理司＊²、医師、保健師、児童指導員、保育士、心理療法担当職員、弁護士など	所長、査察指導員、身体障害者福祉司＊³、知的障害者福祉司＊⁴、老人福祉指導主事、家庭相談員（非常勤）など

＊1　児童福祉司は、児童相談所に配置される児童ケースワーカー。相談に応じ、児童の保護そのほかについて指導を行う。
＊2　児童心理司は、児童相談所でカウンセリング、診断面接、心理診断、心理療法などを行う。
＊3、＊4　市町村等の福祉事務所に配置。

> 児童相談所には、子どもの心や体のケアをする職員が、福祉事務所には、家庭環境の整備や経済的な問題を扱う職員が主に配置されているのですね。

❷ 療育とは、身体に障害のある子どものために行う医療と保育・養育を合わせた言葉。早期から適切な指導を行うことによって、二次障害を防止し、精神的、身体的機能を最大限伸ばすことを目指す。必要な場合は、福祉の措置がとられ、障害児入所施設に入所する。

レッスン 4 少年非行等への対応とは？

非行も子ども家庭福祉に関係するのですか？

非行少年に適切な教育や支援を行い、健全な生活ができるように導いていくための場となることも児童福祉施設の役割です。

❶ 非行少年とは？

家庭裁判所の審判を受ける**非行少年**は、「**少年法**」第3条に従って、**犯罪少年**、**触法少年**、**虞犯少年**に分けられます。

犯罪少年	14歳以上で犯罪を行った少年。家庭裁判所から、刑事裁判に回される場合もある
触法少年	14歳に満たないで、刑罰法令にふれる行為をした少年
虞犯少年	その性格または環境に照らして、将来、罪を犯し、または刑罰法令にふれる行為をするおそれのある少年

なお、「少年法」では、**満20歳未満の者を少年**といい、特に18、19歳は「**特定少年**」として特例を設けています。

近年、少年犯罪の低年齢化、凶悪化を受けて、「少年法」も改正が行われ、以前よりは低年齢での非行にも対応できるようになっています。これにより、刑事処分の適用年齢が16歳以上から14歳以上とされました。また、少年院❶に送られるのは、以前は14歳以上でしたが、現在は**おおむね12歳以上**とされ、11歳でも少年院に送致することができる対象となります。また、14歳未満の触法少年の事件について、**警察の強制調査権**が与えられました。

触法少年と虞犯少年については、多くの場合、児童相談所の判断で**児童自立支援施設**に入所させ、指導を行います。

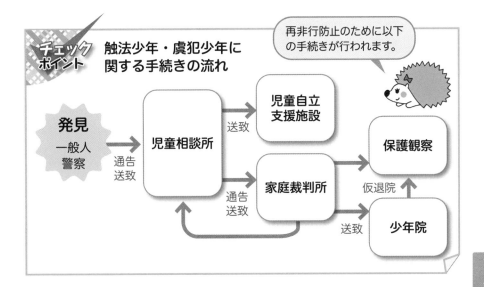

❷ 社会適応が困難な児童への対応は？

　子どもの問題行動には、不登校、摂食障害❷、自殺など、非社会的なものもあります。

　このうち、家庭環境や学校における交友関係などを原因として社会生活への適応が困難となった子どものための施設として、児童心理治療施設があり、都道府県の措置（そち）により入所が決定されます。最近は、虐待された児童のトラウマ（心理的外傷）に対応するため、家庭支援専門相談員などの職員も配置されています。

児童福祉法

　第43条の2　児童心理治療施設は、家庭環境、学校における交友関係その他の環境上の理由により社会生活への適応が困難となつた児童を、短期間、入所させ、又は保護者の下から通わせて、社会生活に適応するために必要な心理に関する治療及び生活指導を主として行い、あわせて退所した者について相談その他の援助を行うことを目的とする施設とする。

❶ 家庭裁判所で保護処分とされた少年を収容する、教育と更正を目的とする施設。 ❷ 拒食症と過食症の総称。内臓疾患の原因にもなる。

レッスン 5 子ども家庭福祉の現状と課題とは？

少子化が深刻化している現在、子ども家庭福祉について社会の関心も高くなっています。しかし、さまざまな対策が十分な効果をあげていないのが現状です。

① 少子化の現状と課題とは？

1人の女性が15～49歳の間に出産する子どもの数の平均を、**合計特殊出生率**といいます。人口を維持するのに必要な水準は、2.07程度といわれますが、現在わが国ではそれを大きく下回っています。

その理由としては、しばしば**晩婚化、未婚・非婚の増加**があげられます。わが国では欧米のように未婚で出産するという選択をする女性は少ないため、晩婚の人が増えると、出産も遅くなり、子どもの数も少なくなります。

■ わが国の出生数と合計特殊出生率の変化

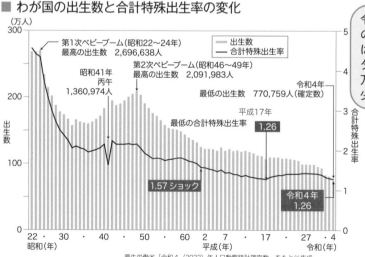

（万人）

第1次ベビーブーム（昭和22～24年）
最高の出生数　2,696,638人

昭和41年
丙午
1,360,974人

第2次ベビーブーム（昭和46～49年）
最高の出生数　2,091,983人

最低の出生数　770,759人（確定数）

令和4年

平成17年
最低の合計特殊出生率　1.26

1.57ショック

令和4年
1.26

出生数
合計特殊出生率

出生数

合計特殊出生率

22　30　・　40　・　50　・　60　・　7　・　17　・　27　・4
昭和（年）　　　　　　　　　　　　平成（年）　　　令和（年）

厚生労働省「令和4（2022）年人口動態統計確定数」をもとに作成

令和4年（確定数）の合計特殊出生率は1.26で過去最低タイ、出生数は77万759人で過去最少です。

また、**仕事との両立が困難**ということも、社会で活躍する女性にとっては、出産をためらう大きな理由になっています。さらに、**非正規雇用**で働いている人は未婚率が高いため、雇用の安定も少子化対策には欠かせません。こうした不安を解決するには、保育サービスをより充実させ、男性も育児休業を取りやすくする、職場復帰しやすい環境を整える、また正規採用を増やすなど、経済界の協力も不可欠です。

そうした見地から、2003（平成15）年に「**少子化社会対策基本法**」「**次世代育成支援対策推進法**」が制定されましたが、それ以後も出生数の低下に歯止めがかかっていません。

❷ 児童虐待の現状と課題とは？

児童虐待は、世間の注目が集まるようになり、さまざまな対策が強化されているにもかかわらず、児童相談所への相談件数は毎年過去最高を記録している状況です。児童相談所や市町村では、相談件数の増加に対応する人材が足りず、また、入所施設など社会的養護の体制も追いついていません。

チェックポイント　児童虐待防止のポイント

児童虐待をなくす課題として、厚生労働省は次の3つのポイントをあげています。

発生予防	早期発見・早期対応	子どもの保護・保護者支援
育児の孤立化・育児不安の防止	虐待が深刻化する前に、相談・援助	適切な一時保護、社会的養護体制の拡充、親子再統合に向けた支援
対策例	対策例	対策例
乳児家庭全戸訪問による不安解消	相談体制の強化	人員配置基準の見直し

子ども家庭福祉

ハリきって トライ！

○×問題・穴うめ問題

穴うめ ❶ 人権が尊重され、自己実現することを、ウェル（ A ）という。

⭐1

○× ❷ 児童自立支援施設のもとになる家庭学校を巣鴨に創設したのは、留岡幸助である。

穴うめ ❸ 滝乃川学園を開いたのは、（ A ）である。

○× ❹ わが国ですべての人に人権を認めたのは、「大日本帝国憲法」である。

⭐2

○× ❺ 保育士は名称独占の国家資格なので、有資格者以外は保育士を名乗ることができない。

○× ❻ 2017（平成 29）年の「児童福祉法」改正によって、被虐待児童の保護者等に対する指導に家庭裁判所が関与できることになった。

○× ❼ 「児童福祉法」では、「児童憲章」の理念にのっとったものであることが明確にされている。

⭐3

穴うめ ❽ （ A ）では、妊産婦に対する健康診査や保健指導などを行う。

○× ❾ 家庭相談員は、福祉事務所の家庭児童相談室に配置されている。

⭐4

穴うめ ❿ 「少年法」では、少年を（ A ）歳に満たない者としている。

穴うめ ⓫ 児童心理治療施設の対象児童は、家庭環境、学校における交友関係その他の環境上の理由により（ A ）への適応が困難となった児童である。

⭐5

穴うめ ⓬ わが国の少子化の理由として（ A ）、（ B ）・非婚の増加があげられる。

○× ⓭ 「令和 4 年（2022）人口動態統計（確定数）の概況」（2023〈令和 5〉年　厚生労働省）によると、2006（平成 18）年以降、合計特殊出生率は常に前年より増加している。

答え

❶（A）ビーイング　❷○　❸（A）石井亮一　❹×「日本国憲法」である　❺○　❻○　❼×「児童憲章」ではなく「児童の権利に関する条約」である　❽（A）市町村保健センター　❾○　❿（A）20　⓫（A）社会生活　⓬（A）晩婚化（B）未婚　⓭× 増減をくり返し平成 28 年からは減少し続けている

第 **5** 章

社会福祉

レッスン 1 社会福祉とは？

子ども家庭福祉の科目があるのに、社会福祉の科目があるのはなぜでしょう？

保育士も社会福祉事業の専門職の1つなのです。社会福祉全体についての知識も必要ですよ。

❶ 社会福祉とは？

「社会福祉」とは、貧困や障害などで困っている人も、誰もが健康に人間らしく生きられるように、社会で支えることです。古くは、宗教団体が慈善事業として貧しい人を助けてきました。しかし、工業の発展した19世紀、社会をよりよくするために、国として困っている人を支えるべきだという考え方が欧米に広がりました。わが国でも、第二次世界大戦後、「日本国憲法」第25条で、誰もが**健康で文化的な最低限度の生活**ができるよう規定され、国として社会福祉などの政策を進めるために、さまざまな法律が定められました。

❷ 基本的人権とは？

基本的人権とは、すべての人が生まれながらにもっていて、侵されることのない権利です。そのなかには、**自由権**（思想や宗教の自由など）、**参政権**（投票権など）、**社会権**（教育を受ける権利、労働基本権、**生存権**など）などが含まれます。

「日本国憲法」第11条では、**すべての国民の基本的人権を保障**しています。また、同じく「日本国憲法」第13条で、すべての国民は**個人として尊重される**としています。つまり、政府が赤ちゃんからお年寄りまで、国民一人ひとりの基本的人権を守らなければならないことが定められているのです。

❸ 社会福祉の対象とは？

　社会福祉のとらえ方の変化により、社会福祉の対象は時代とともに広がり、貧困者、障害者のほか、高齢者やひとり親家庭、子育て中の一般家庭なども福祉の対象とされます。

チェックポイント　バリアフリーとノーマライゼーション

> 社会福祉では、バリアフリーとノーマライゼーションという考え方が中心になっています。

バリアフリー　障害者や高齢者などの生活をしにくくする、さまざまな障壁（バリア）を取り除こうという考え方。

物理的なバリアフリー	心のバリアフリー	制度や情報のバリアフリー
車いすやベビーカーでも移動しやすい設計、目や耳が不自由でもわかる表示方法など	高齢者や障害者に対する偏見や差別意識を取り除く	障害者や高齢者も利用しやすい制度、誰でもアクセスしやすい情報のあり方

ノーマライゼーション　誰もがノーマルな（普通の）生活をすることができ、人が障害などで区別されない社会をつくるという考え方。デンマークのバンク・ミケルセンが提唱した。

ニィリエ*の8原則

● 1日のノーマルな生活のリズムの確保
● 1週間のノーマルな生活のリズムの確保
● 1年間のノーマルな生活のリズムの確保
● ライフサイクルにおけるノーマルな経験
● ノーマルな要求や自己決定の尊重
● 異性（両性）のいる世界で暮らすこと
● ノーマルな経済的水準の確保
● ノーマルな住環境水準

*　ノーマライゼーションの考えを発展させたスウェーデン人。

社会福祉

レッスン
2 「社会福祉法」とは？

「社会福祉関係にはたくさんの法律があって、難しそうですね。

はじめから条文を覚える必要はありませんよ。まずは、「社会福祉法」で社会福祉の大枠を勉強してから、細かい部分をみていくとよいでしょう。

❶「社会福祉法」に関係する法律とは？

「社会福祉法」は、社会福祉のすべての分野に共通の事柄について定めている法律です。社会福祉に関するさまざまな法律や、社会福祉行政の基本となっています。

■ 社会福祉法制の体系

生活保護	高齢者福祉		子ども家庭福祉		障害者福祉		
「生活保護法」	「老人福祉法」	「介護保険法」	「母子及び父子並びに寡婦福祉法」	「児童福祉法」	「身体障害者福祉法」	「知的障害者福祉法」	精神保健及び精神障害者福祉に関する法律(「精神保健福祉法」)
					「障害者総合支援法」		
「社会福祉法」							

████の法律は、まとめて「社会福祉六法」とよばれる。

「社会福祉法」は、「社会福祉六法」に含まれないのですね。

そうです。「社会福祉法」に関連するさまざまな法律のことを「社会福祉六法」といいます。「福祉六法」と省略してよばれることもありますよ。

福祉サービスの基本的理念を定めた条文です。

❷ 社会福祉事業の分類とは？

　「社会福祉法」の第2条では、社会福祉を行う事業を2種類に分けています。1つ目の**第一種社会福祉事業**は、公共性が高いもので、原則として**国、地方公共団体、または社会福祉法人❶**が経営します。2つ目の**第二種社会福祉事業**は、「社会福祉法」以外の法律での規制がなければ、国、地方公共団体、社会福祉法人以外でも、**都道府県知事に届け出れ**ば、経営することができます。

 「児童福祉法」に関係する主な社会福祉事業の分類

第二種社会福祉事業

第一種社会福祉事業

①乳児院
②母子生活支援施設
③児童養護施設
④障害児入所施設
⑤児童心理治療施設
⑥児童自立支援施設

①障害児通所支援事業
②障害児相談支援事業
③児童自立生活援助事業
④放課後児童健全育成事業
⑤子育て短期支援事業
⑥乳児家庭全戸訪問事業
⑦養育支援訪問事業
⑧地域子育て支援拠点事業
⑨一時預かり事業
⑩小規模住居型児童養育事業

⑪小規模保育事業
⑫病児保育事業
⑬子育て援助活動支援事業
⑭助産施設
⑮保育所
⑯児童厚生施設
⑰児童家庭支援センター
⑱児童の福祉の増進について相談に応ずる事業
⑲幼保連携型認定こども園*

*「認定こども園法」に基づく第二種社会福祉事業。

❶ 社会福祉事業を行うことを目的として設立される法人。営利を目的としないが、資金集めの事業を行うことができる。

レッスン 3 高齢者福祉とは？

高齢者福祉は、保育には直接関係のないものですが、子どもの保護者が親の介護などで困っている場合もあり、高齢者福祉の動向などはぜひおさえておきたいものです。

❶ 高齢者の福祉とは？

　第二次世界大戦直後、日本人の平均寿命は男女とも約50歳で、高齢者のための福祉制度はありませんでした。また、「日本国憲法」で家制度❶が廃止されても、親子が同居し、子どもが老親の世話をすることが一般的でした。

　しかし、平和な時代になって急速に平均寿命が延び、高齢者人口が増えていく一方、社会の変化につれて核家族化が進みます。それに対応し、1963（昭和38）年「老人福祉法」が制定され、高齢者が福祉の対象になりました。

　「老人福祉法」で**家庭奉仕員派遣事業**が制度化されたものがのちにホームヘルプサービス（**訪問介護**）となり、1978（昭和53）年にショートステイ（**短期入所生活介護**）、1979（昭和54）年にデイサービス（**通所介護**）が開始されました。この3つは在宅福祉の三本柱となります。

　その後、2000（平成12）年に「**介護保険法**」が施行され、65歳以上❷で介護や支援が必要な人は、**市町村による「要介護・要支援認定」を受け、障害や家族状況に合ったサービスを、自分で選択して受けられる**ようになりました。介護保険は、2006（平成18）年度から**予防を重視したシステムへの転換**が図られ、要支援者を対象にした予防給付が加わりました。また、介護予防のための**地域支援事業**が創設され、**地域包括支援センター**が**介護予防ケアマネジメント**を行うようになりました。

チェックポイント　介護保険のサービス利用の流れ

❶ 申請
サービスを希望する本人または家族が、市町村の介護保険の窓口に申し込む。

❷ 要介護・要支援認定
調査員が訪問し、本人や家族から心身の状態を聞き取り調査し、その結果をコンピュータで一次判定する。また、本人の主治医に意見書を作成してもらう（主治医の意見書が一次判定に用いられることもある）。これらの資料をもとに、市町村の介護認定審査会が二次判定を行い、介護を必要とする度合いを判定する。

❸ 認定結果の通知
原則として申請から30日以内に、認定結果通知書が届く。

要介護・ 要支援 状態区分	利用できるサービス
要介護5 要介護4 要介護3 要介護2 要介護1	**介護保険の介護サービス （介護給付）** 日常生活で介助を必要とする度合いの高い人で、生活の維持・改善を図るためのさまざまな介護サービスを利用できる。
要支援2 要支援1	**介護保険の介護予防サービス （予防給付、介護予防・生活支援サービス事業）** 要介護状態が軽く、生活機能が改善する可能性が高い人などが受けるサービスを利用できる。
非該当	**市町村が行う一般介護予防事業（地域支援事業）**

❹ ケアプランを作成
要介護と認定され、在宅サービスを利用する場合は、居宅介護支援事業者に依頼し、介護サービス計画（ケアプラン）を作成してもらう。要支援と認定された人は、地域包括支援センターで、介護予防サービス計画（介護予防ケアプラン）を作成してもらう（ケアプラン、介護予防ケアプランともに本人、家族が作成することも可）。

❺ サービスを利用
サービス内容が決まったら、施設や事業者と契約し、サービスを利用する。

介護保険では、65歳以上の高齢者を要支援・要介護に該当しない一般高齢者等、介護予防・生活支援サービス事業対象者、要支援1〜2、要介護1〜5に分類し、これらの人に適したサービスを提供します。介護保険が適用されない一般高齢者等は介護予防・日常生活支援総合事業（総合事業）の一般介護予防事業で実施される体操教室などを利用できます。また、要支援者は、総合事業の介護予防・生活支援サービス事業を利用することができます。

❶ 1898（明治31）年、「民法」において制定された家族制度。江戸時代に発達した武士階級の家父長制的な家族制度がもとになっている。❷ 40歳以上65歳未満でも、「介護保険法」に規定される16の疾病（特定疾病）によって要介護・要支援状態になった場合には介護保険のサービスが受けられる。

社会福祉

❷ 老人福祉施設とは？

「老人福祉法」の定める高齢者向けの施設には、さまざまなタイプのものがあります。入所施設の代表である**特別養護老人ホーム**と**養護老人ホーム**は、名前は似ていますが、目的が大きく異なります。

特別養護老人ホームは、常時介護を必要とする介護保険制度の介護が必要な人が対象です。そのため要介護度が高い人（新規申し込みは原則として要介護3以上）の入所が優先されます。一方、**養護老人ホームは、高齢者の自立を支援する施設**で、経済的・環境的理由で、自宅で養護することが困難な人が対象です。入所後に要介護状態となった場合、介護保険サービスを利用できます。

要介護度が低く、経済的に困難な状況にある高齢者向けの施設には、養護老人ホームのほかに、**軽費老人ホーム**（ケアハウス）があります。軽費老人ホームとは、名称のとおり、高齢者が無料または低料金で入所でき、食事などの支援が受けられる施設です。居室がワンルームマンションのような老人ホームで、要介護になった場合、居宅介護サービスを受けることができます。

自宅で生活する高齢者のための施設には、通所介護のための**老人デイサービスセンター**、家族が病気のときなどに利用する老人短期入所施設、高齢者福祉全般の相談に応じる**老人介護支援センター**があります。

民間企業が運営する、高級な有料老人ホームも老人福祉施設ですか？

いいえ、老人福祉施設ではありません。ただし、有料老人ホームも「老人福祉法」の規定に基づいて運営されます。介護が必要になったらホームのスタッフが介護を行う「介護付」、介護保険の在宅介護サービスを受けられる「住宅型」、介護が必要でない人を対象とする「健康型」の3種類があります。

❸ 地域包括ケアシステムとは？

　わが国では今後ますます高齢化が進行すると予想されています。そのため、厚生労働省は団塊世代が75歳以上になる2025年までをめどに、**地域の包括的な支援・サービス提供（地域包括ケアシステム）**を構築することを推進しています。その目的は、なるべく住み慣れた地域で、自分らしい生活を人生の最期まで続けられるようにすることです。

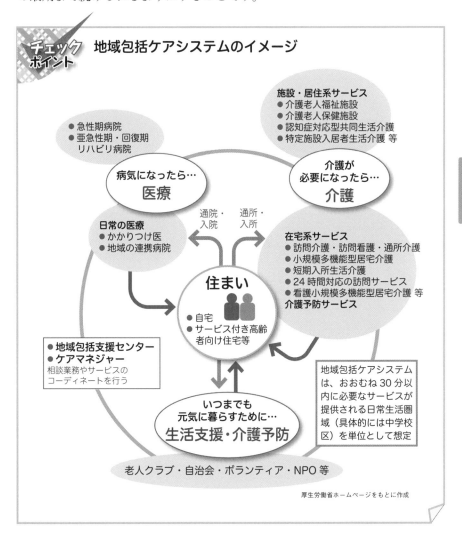

チェックポイント　地域包括ケアシステムのイメージ

施設・居住系サービス
● 介護老人福祉施設
● 介護老人保健施設
● 認知症対応型共同生活介護
● 特定施設入居者生活介護 等

● 急性期病院
● 亜急性期・回復期
　リハビリ病院

病気になったら…
医療

介護が
必要になったら…
介護

日常の医療
● かかりつけ医
● 地域の連携病院

通院・入院　通所・入所

在宅系サービス
● 訪問介護・訪問看護・通所介護
● 小規模多機能型居宅介護
● 短期入所生活介護
● 24時間対応の訪問サービス
● 看護小規模多機能型居宅介護 等
介護予防サービス

住まい
● 自宅
● サービス付き高齢者向け住宅等

● **地域包括支援センター**
● **ケアマネジャー**
相談業務やサービスの
コーディネートを行う

いつまでも
元気に暮らすために…
生活支援・介護予防

地域包括ケアシステムは、おおむね30分以内に必要なサービスが提供される日常生活圏域（具体的には中学校区）を単位として想定

老人クラブ・自治会・ボランティア・NPO 等

厚生労働省ホームページをもとに作成

社会福祉

レッスン 4 障害者福祉とは？

障害のある子どもの福祉は、「児童福祉法」に規定されています。ここでは、主に 18 歳以上の障害者のための福祉についてみていきます。

❶ 障害とは？

　WHO（世界保健機関）は、20 世紀後半の人権意識の高まりや障害者の増加などを踏まえ、1980（昭和 55）年に、障害を説明する考え方として「**国際障害分類**」（**ICIDH**）を発表しました。

病気・変調（けが） → 機能・形態障害 → 能力障害 → 社会的不利

「機能・形態障害」から「能力障害」を飛ばして「社会的不利」につながる線は、たとえば顔のあざのような形態障害が、社会的不利を引き起こしているようなケースがあてはまります。

　以来、世界的に ICIDH が用いられてきましたが、この図式では障害者のプラスの側面が切り落とされてしまうという欠点がありました。また、環境が整っていれば障害がない人と同じように行動できる場合があるのに、ICIDH には環境という視点が抜けているという批判もありました。

　そこで、WHO は 2001（平成 13）年に「**国際生活機能分類―国際障害分類改訂版―**」（**ICF**）という新しい**障害モデル**を発表しました。ICF では、より中立的で、プラスの意味をもつ「**心身機能・身体構造**」「**活動**」「**参加**」に問題や制限があるときを障害ととらえます。また、環境因子と個人因子を加

え、その人の背景も表す双方向的なモデルとなりました。

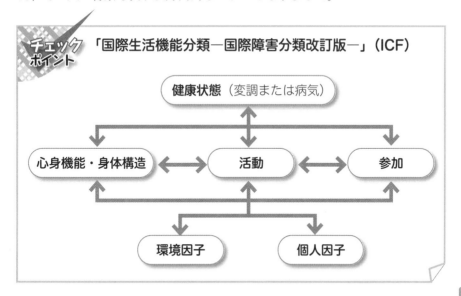

② 障害者福祉の制度とは？

わが国の障害者に対する福祉は、「**身体障害者福祉法**」「**知的障害者福祉法**」「精神保健及び精神障害者福祉に関する法律」（「**精神保健福祉法**」）といった、障害別の法律によって、サービスの整備が行われてきました。

「身体障害者福祉法」は、**身体の感覚機能（視覚・聴覚）、言語機能（音声機能・咀しゃく機能を含む）、運動機能、平衡機能、内臓機能、免疫機能に障害のある18歳以上の人**を対象としています。身体障害者として認定されると「**身体障害者手帳**」が交付されます。

「知的障害者福祉法」は、1998（平成10）年に「精神薄弱者福祉法」を改称したものです。この法律では、知的障害者を定義していませんが、一般には、**おおむね18歳までの発達期に現れた知的障害で、生活上の適応障害がある人**と考えられています。

「精神保健及び精神障害者福祉に関する法律」（「精神保健福祉法」）は、統合失調症などの**精神疾患の患者**のほか、**アルコールなどの精神作用物質の中毒者、知的障害者**を対象とします。

障害者福祉は、従来はサービスの利用の可否や内容をすべて行政が決める

措置制度で実施されていましたが、2003（平成15）年に**支援費（契約）制度**に変わり、利用者が事業者との対等な関係で契約ができるようになりました。しかし、その後に障害種別間の格差、サービス水準の地域間格差など、

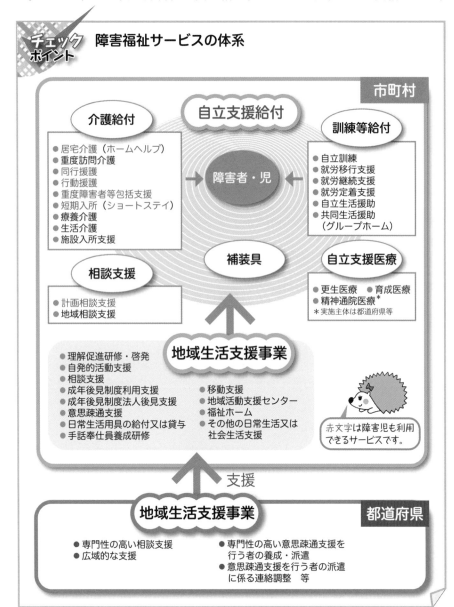

チェックポイント 障害福祉サービスの体系

市町村

自立支援給付

介護給付
- 居宅介護（ホームヘルプ）
- 重度訪問介護
- 同行援護
- 行動援護
- 重度障害者等包括支援
- 短期入所（ショートステイ）
- 療養介護
- 生活介護
- 施設入所支援

→ 障害者・児 ←

訓練等給付
- 自立訓練
- 就労移行支援
- 就労継続支援
- 就労定着支援
- 自立生活援助
- 共同生活援助
（グループホーム）

相談支援
- 計画相談支援
- 地域相談支援

補装具

自立支援医療
- 更生医療 ● 育成医療
- 精神通院医療*
＊実施主体は都道府県等

地域生活支援事業
- 理解促進研修・啓発
- 自発的活動支援
- 相談支援
- 成年後見制度利用支援
- 成年後見制度法人後見支援
- 意思疎通支援
- 日常生活用具の給付又は貸与
- 手話奉仕員養成研修
- 移動支援
- 地域活動支援センター
- 福祉ホーム
- その他の日常生活又は
　社会生活支援

赤文字は障害児も利用
できるサービスです。

支援

地域生活支援事業

都道府県

- 専門性の高い相談支援
- 広域的な支援
- 専門性の高い意思疎通支援を
　行う者の養成・派遣
- 意思疎通支援を行う者の派遣
　に係る連絡調整　等

全国社会福祉協議会「障害福祉サービスの利用について（2021年4月版）」をもとに作成

新たな課題が生じてきました。

　それを改善するため、2005（平成 17）年に「**障害者自立支援法**」が制定され、サービス体系が一元化されました。さらに、2012（平成 24）年「**障害者総合支援法**」に改正・改称され（施行は 2013〈平成 25〉年 4 月）、制度の谷間となっていた**難病患者等も障害者福祉のサービスを受けられる**ようになりました。障害者福祉のサービスを利用する場合は、原則として市町村の窓口に申し込みます。介護給付などを受ける場合は、調査・認定が行われ、障害の程度等を表す区分に従ってサービス内容が決まります。サービス利用者が支払う費用は原則、**応能負担**となっています。

❸ 発達障害者の福祉とは？

　発達障害については、2004（平成 16）年に「**発達障害者支援法**」が成立し、発達障害者の自立や社会参加に向けた支援について、国や地方公共団体の責務が明確にされました。

　「発達障害者支援法」では、発達障害を、「**自閉症、アスペルガー症候群その他の広汎性発達障害、学習障害、注意欠陥多動性障害その他これに類する脳機能の障害であってその症状が通常低年齢において発現するもの**」と規定しています。

　発達障害は、保護者が気づかなくとも、保育の現場で保育士が気づくことがあります。もし保育士が気づいた場合は、職員同士が情報共有し、家庭と連携しながら、関係機関や専門職に相談し、効果的な支援につなげます。

　発達障害の支援拠点は、都道府県や政令指定都市などに設置されている**発達障害者支援センター**です。

発達障害支援では、まわりの大人がなるべく早い時期に気づき、専門家と連携することがとても大切です。保育所では、保育士が子どもの個性に気づき、適切な対応ができると、落ち着いて生活できるようになり、ほかの子どもたちとのトラブルを減らすことができます。

保育士は、発達障害児支援で重要な役目を担っているのですね。

レッスン 5 生活保護とは？

> 生活保護については、不正受給問題がクローズアップされていますが、収入の乏しい母子家庭をはじめ、多くの子育て中の家庭もこの制度に助けられています。

❶「生活保護法」とは？

「日本国憲法」は第25条で、すべての国民に健康で文化的な最低限度の生活を保障することを定めています。それを実現するための法律が、「生活保護法」です。

「生活保護法」では、下にあげた4つの基本原理を規定しています。

国家責任の原理	「日本国憲法」の理念により、国はすべての国民に最低限度の生活を保障する
無差別平等の原理	人種、信条、性別、社会的身分や門地などにかかわらず、すべての国民は無差別平等に生活保護を受ける権利がある
最低生活の原理	「生活保護法」で保障される最低限度の生活は、健康で文化的な生活水準を維持できるものでなければならない
保護の補足性の原理	扶養義務者やその他の法律、資産や能力など活用できるものを活用して、それでも最低限度の生活に足りない分を生活保護で保障する

市町村の**福祉事務所**に生活保護を申請すると、保護の要件に合っているか、調査が行われます。生活保護は、世帯単位で保護の要否の判定をして、必要に応じた保護を行うので、調査では世帯全員の就労状況や収入、生活実態などを調べます。「保護の補足性の原理」により、就職をしていなくても親族からの仕送り等により最低限度以上の生活ができれば、保護の対象にはなりません。生活レベルは時代によって違うため毎年、厚生労働大臣によって、最低限度の生活の基準（保護基準）が定められています。

❷ 生活保護の内容とは？

　生活保護には、①**生活扶助**（**最低限の生活に必要な食費や光熱費など**の費用を金銭で給付）、②**教育扶助**（義務教育に必要な学用品や学校給食などの費用を金銭で給付）、③**住宅扶助**（家賃や住居費を金銭で給付）、④**医療扶助**（指定医療機関で**治療や投薬を無料で受ける**ことができる）、⑤**出産扶助**（分娩にかかる費用を、金銭で給付）、⑥**生業扶助**（生業に必要な資金を金銭で給付）、⑦**葬祭扶助**（火葬や納骨などに必要な費用を金銭で給付）、⑧**介護扶助**（「介護保険法」によるサービスと同等の介護や福祉用具のレンタルを、無料で受けることができる）、以上8種類があります。

教育扶助は、小・中学生（義務教育）にのみ扶助されます。高校生の学費は、現在は生業扶助から支給されています。

　ほとんどの扶助は、必要な費用を金銭で給付されますが、医療扶助と介護扶助は、原則として**現物給付**となります。現物給付とは、必要なものを直接給付することです。医療扶助の場合は病院や診療所で治療を受けること、介護扶助の場合は訪問介護などを受けることが、現物給付にあたります。

　また、やむを得ない場合は、救護施設や更生施設などで保護し、生活扶助を行うことがあります。

　生活保護の保護施設には、**救護施設**（身体または精神に著しい障害がある要保護者が対象）、**更生施設**（身体上または精神上の理由で、養護や生活指導が必要な要保護者が対象）のほか、医療保護施設（医療が必要な要保護者が対象）、**授産施設**（要保護者に就職に役立つ技能などを教える施設）、**宿所提供施設**（住む場所に困っている要保護者が対象。生活扶助も行われる）があります。このほかに、住居の提供のみの日常生活支援住居施設も規定されています。

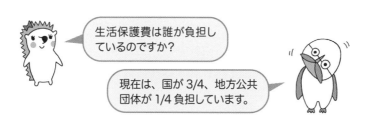

生活保護費は誰が負担しているのですか？

現在は、国が3/4、地方公共団体が1/4負担しています。

123

レッスン 6 社会保障制度とは？

このレッスンでは、国民の安心や生活の安定を支えるセーフティネットである社会保障制度のなかでも特に、社会保険制度についてみていきましょう。

病気や失業のときにも安心して生活できるよう、いろいろな仕組みがあるのですね。

❶ 社会保障とは？

個人の病気やけが、失業、障害などによる生活不安をやわらげ、困ったときでも日常生活が保たれるように国家または社会が保障する仕組みを、社会保障といいます。社会保障制度は、①**社会保険**、②**社会福祉**、③**公的扶助**（生活保護）、④**保健医療・公衆衛生**によって構成されます。

❷ 社会保険制度とは？

社会保険とは、病気、けが、老齢、死亡、障害、失業など、生活に困難をもたらす事態になった場合に、一定の給付を行い、生活の安定を図ることを目的にした制度で、①**医療保険**、②**年金保険**、③**労災保険**、④**雇用保険**、⑤**介護保険**の５分類になります。

＜医療保険＞

わが国の医療保険は**国民皆保険制度**がとられていて、国民全員がいずれかの医療保険に加入しています。医療保険は勤務先別に分かれていて、サラリーマンなどが加入する健康保険（協会けんぽ・組合管掌）、公務員や教職員が加入する**共済組合**があります。自営業者などは、**国民健康保険**に加入します。

＜年金保険＞

わが国では**国民皆年金制度**がとられていて、20歳以上60歳未満の国民はいずれかの年金制度に加入しています。

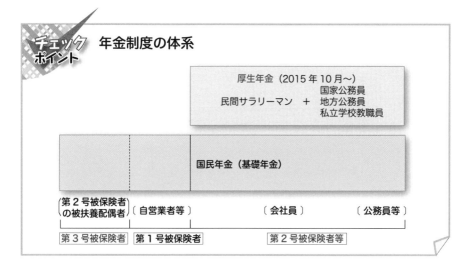

チェックポイント　年金制度の体系

2015（平成27）年10月からこれまで共済年金に加入していた公務員等も厚生年金に加入することになりました。

　第2号被保険者に扶養されている20歳以上60歳未満の配偶者（年収が130万円未満の人）のことを、**第3号被保険者**といい、保険料は個別徴収されません。

　年金給付の仕組みは3種類あり、①**老齢年金**（原則として65歳から一生涯給付される）、②**遺族年金**（年金の受給権者が死亡したときに、遺族に給付される）、③**障害年金**（病気やけがで障害を負って働けなくなったときに給付される）があります。

＜労災・雇用保険＞

　労働者が安定して働けるように、労災保険や雇用保険があります。労災保険は**仕事や通勤途中の負傷、病気**などに対して給付されます。雇用保険は、労働者が失業したり、雇用の継続が困難な場合に、失業等給付や職業訓練を行うものです。失業等給付を受けるには、**公共職業安定所（ハローワーク）**で受給申請を行う必要があります。保険料は、労災保険については事業主が全額、雇用保険は事業主と労働者双方の負担となります。

レッスン

7 相談援助とは？

相談援助は、さまざまな福祉施設で行われています。保育士も、2001（平成13）年に保育指導という業務が加わり、相談援助の役割を担う場面が増えています。

❶ 相談援助とは？

相談援助とは、**社会福祉援助技術**の1つで、**問題を抱えた人が、自分自身で問題解決していくのを支援すること**です。社会福祉援助技術を**ソーシャルワーク**ともいいます。

相談援助の歴史は、19世紀のイギリスの慈善組織化運動（**COS運動**）、社会改良運動（**セツルメント運動❶**）などで始まりました。その後、20世紀前半、経済恐慌で貧困が広がったアメリカで発展し、その過程で、一人ひとりの悩みに向き合う個別援助技術（**ケースワーク**）、グループの改善を支援する集団援助技術（**グループワーク**）、地域の改善を支援する地域援助技術（**コミュニティワーク**）などの手法が生まれました。また、対象者との関わり方の違いから、直接援助技術、間接援助技術、関連援助技術という分類もあります。なお、相談援助は英語圏で発展したため、専門用語で対象者・利用者を**クライエント**、個別の要求のことを**ニーズ**といいます。

直接援助技術	利用者と直接接して行う援助	ケースワークなど
間接援助技術	利用者が住む地域などに焦点を当てる	コミュニティワークなど
関連援助技術	関連する専門家と組んで援助を行うなど	ケアマネジメントなど

近年のクライエントが抱える問題の多様化から関連援助技術が発展してきました。

❷ 相談援助の原則とは？

　ケースワークでは、クライエントと援助者（ケースワーカー）の間に信頼関係（**ラポール❷**）を築くことがとても大切です。アメリカの社会福祉学者バイステックが提唱した「**バイステックの7原則**」は、信頼関係を築き、適切な援助を行ううえで、**援助者が必ず守るべき基本**とされています。

チェック ポイント　バイステックの7原則

❹ 受容
クライエントの考えや態度、行動を否定することなく、なぜそう考えるかを理解する。

❶ 個別化
クライエントは個人であり、同じ事例（ケース）は1つも存在しないと考える。

❺ 非審判的態度
クライエントの行動や思考について、援助者の基準で判断しない。あくまで援助者は援助者である。

❷ 意図的な感情表出
否定的な感情や、ひとりよがりな感情も含め、クライエントがあらゆる感情を自由に表出できるよう配慮する。

❻ 自己決定
クライエントの行動を決定するのは、クライエント自身である。援助者は命令的指示を出してはいけない。

❸ 統制された情緒的関与
援助者は、クライエントの感情に飲み込まれず、自らの感情を常に統制して接する。

❼ 秘密保持
クライエントの情報やプライバシーを、決して漏らさない。個人情報保護を徹底する。

❶セツルメント運動とは、スラムに知識人が住み込み、集団活動を通して、貧困からの脱出を支援する活動のこと。1884年に、ロンドンで牧師サミュエル・バーネットなどがトインビー・ホールを設立したことに始まったとされている。❷ケースワーカーや治療者と、クライエントとの相互信頼関係。

❸ 相談援助の展開とは？

　相談援助では、相談から一気に問題の解決を目指すことはありません。少しずつ段階を踏み、目的を達成するまでの展開モデルを、保育の現場と重ね合わせると、次のようになります。

■ 相談援助の展開

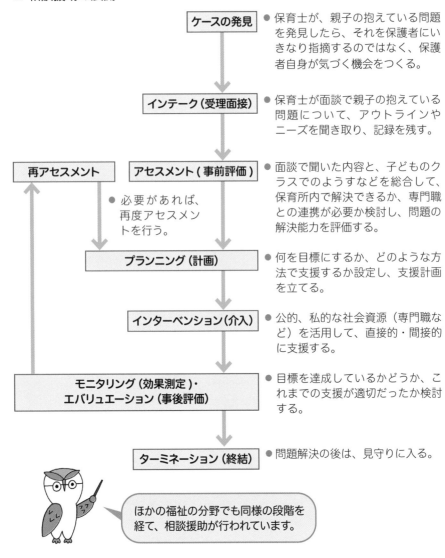

ケースの発見
● 保育士が、親子の抱えている問題を発見したら、それを保護者にいきなり指摘するのではなく、保護者自身が気づく機会をつくる。

インテーク（受理面接）
● 保育士が面談で親子の抱えている問題について、アウトラインやニーズを聞き取り、記録を残す。

再アセスメント　**アセスメント（事前評価）**
● 面談で聞いた内容と、子どものクラスでのようすなどを総合して、保育所内で解決できるか、専門職との連携が必要か検討し、問題の解決能力を評価する。

● 必要があれば、再度アセスメントを行う。

プランニング（計画）
● 何を目標にするか、どのような方法で支援するか設定し、支援計画を立てる。

インターベンション（介入）
● 公的、私的な社会資源（専門職など）を活用して、直接的・間接的に支援する。

モニタリング（効果測定）・エバリュエーション（事後評価）
● 目標を達成しているかどうか、これまでの支援が適切だったか検討する。

ターミネーション（終結）
● 問題解決の後は、見守りに入る。

ほかの福祉の分野でも同様の段階を経て、相談援助が行われています。

❹ 相談援助に携わる者とは？

わが国では、**社会福祉士**の有資格者でなくても、相談援助業務を担当することができます。しかし、近年は、福祉事務所や児童相談所などで、相談援助業務にあたってきた人は積極的に社会福祉士の資格を取得するようになってきました。また、民間の病院、地域包括支援センターなどにも社会福祉士の職場が広がってきています。

精神障害が専門の**精神保健福祉士**は、精神科病院などの医療施設や、精神保健福祉センターなどで、精神科医や公認心理師、臨床心理士とともに相談援助を行い、精神障害者の自立を支援します。

介護の分野では、**介護支援専門員（ケアマネジャー）**が活躍しています。介護保険制度の利用を希望する人は、ケアマネジャーに相談し、ケアプランを作成してもらうこともできます。

以上は国家資格（介護支援専門員は任用資格）ですが、**臨床心理士**は、民間資格です。ただし、医師免許取得者以外は、大学院修了などの条件を満たした者でないと受験できません。児童相談所の児童心理司や、学校のスクールカウンセラー、病院のカウンセラーなどの仕事を担当します。

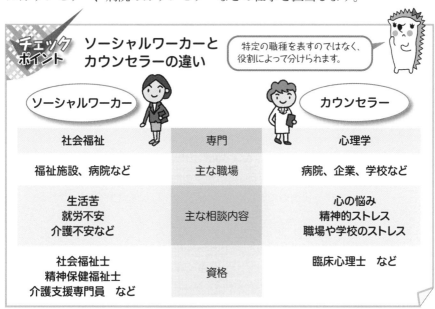

チェックポイント　ソーシャルワーカーとカウンセラーの違い

特定の職種を表すのではなく、役割によって分けられます。

ソーシャルワーカー		カウンセラー
社会福祉	専門	心理学
福祉施設、病院など	主な職場	病院、企業、学校など
生活苦 就労不安 介護不安など	主な相談内容	心の悩み 精神的ストレス 職場や学校のストレス
社会福祉士 精神保健福祉士 介護支援専門員　など	資格	臨床心理士　など

社会福祉

○×問題・穴うめ問題

該当
レッスン

1

穴うめ **❶**「日本国憲法」第11条では、「国民は、すべての（ A ）の享有を妨げられない。この憲法が国民に保障する（ A ）は、侵すことのできない永久の権利として、現在及び将来の国民に与へられる」としている。

穴うめ **❷** ノーマライゼーションの考え方を提唱したのは、デンマークの（ A ）である。

2

○× **❸** 児童養護施設は、「社会福祉法」における第二種社会福祉事業である。

3

○× **❹** 介護保険制度の保険者は、国民に最も身近な行政単位である市町村（特別区を含む）とされている。

4

○× **❺** 国際生活機能分類（ICF）の構成要素には「参加」が含まれている。

5

○× **❻**「日本国憲法」では、生存権を保障するため、最低限度の生活に関する基準を示している。

○× **❼**「生活保護法」では、幼稚園の教育費は教育扶助の対象になる。

6

○× **❽** 自営業者が加入する医療保険は、国民健康保険である。

穴うめ **❾** 会社員や公務員等が加入するのは（ A ）年金である。

穴うめ **❿** 会社員だったハリ夫さんは、会社都合で退職したので、（ A ）に行き、失業等給付の受給申請を行った。

7

穴うめ **⓫**（ A ）は受理面接ともいわれ、利用者のニーズや問題のアウトラインを聞き取る面接過程である。

○× **⓬**「秘密保持」とは、利用者が専門的援助関係のなかでうち明ける秘密の情報を、援助者がきちんと保全することである。

＊＊＊＊＊＊＊＊＊＊＊＊＊＊＊＊＊＊＊ 答え ＊＊＊＊＊＊＊＊＊＊＊＊＊＊＊＊＊＊＊

❶（A）基本的人権　❷（A）バンク・ミケルセン　❸× 第一種社会福祉事業である　❹○　❺○
❻× 基準は毎年厚生労働大臣により定められる　❼× 教育扶助は義務教育期間のみ　❽○
❾（A）厚生　❿（A）公共職業安定所（ハローワーク）　⓫（A）インテーク　⓬○

第6章

保育の心理学

レッスン 1

子どもの発達とは？

人間は一生を通じて発達していきます。人生のスタートである乳幼児期の発達と保育の関わりを学んでいきましょう。

❶ 乳幼児期の発達と保育

「人間は一生を通じて発達していく」とは、**発達心理学**（保育の心理学）の基本となる考え方です。特に乳幼児期は、人間形成の基礎がつくられる重要な時期といえます。**乳幼児期の発達の特徴**として、人間の一生のなかでも**発達の速度がきわめて速く**、**環境からの影響を受けやすい**、**情緒に左右されやすい**、**個人差が大きい**といったことがあげられます。また、乳幼児は遊びを通して心身のさまざまな能力を発達させていくため、保育計画には自由な遊びを取り入れることが大切です。

❷ 発達心理学の基礎知識

発達を進めるのは、「**成熟**」と「**学習**」という2つの要素です。**成熟**とは、意図的な働きかけがなくても、時間の経過とともに子どもが**本来もっている遺伝情報が自然に出現**した結果です。**学習**とは、**経験や練習などの環境的な条件による影響**によるものです。発達は、自然の法則としての成熟と、環境的な条件による学習とが、**相互に関係しながら進んでいく過程**であるといえます。成熟と学習は、厳密には切り離して説明することが難しいものです。

たとえば、乳児がスプーンを握るのは、それを使おうという意思ではなく反射的な行為かもしれません。とはいえ、それがおもしろく感じられたり、おいしい記憶と結びついているならば、学習的な行為といえるでしょう。

❸ 発達の原理・原則

発達には**個人差**があり、一人ひとりの成長の足取りはさまざまですが、すべての子どもがたどる発達の順序には共通する原理・原則があります。

まず、発達には、**一定の順序に従って**進んでいく**順序性**があります。

チェックポイント　**発達の順序性の例**

生後4か月ごろ　➡　生後9か月ごろ　➡　生後15か月ごろ

❶〜❸の順序が変わることはありません。

❶ 支えれば座る　　❷ つかまり立ち　　❸ ひとり歩き

歩行に関する能力では、**頭部から尾部（脚部）へ**向けて発達が進みます。このほか、身体的能力では**中心から周辺部（体の末梢）へ**進むという**方向性**がみられます。

❹ パーソナリティの発達

発達の過程で、子どもはそれぞれ異なった**特徴（個性）**をみせるようになります。心理学的には、人の性格・能力を統合した**個性や人格をパーソナリティ**といいます。一人ひとり異なる特徴的な態度、行動などは、パーソナリティの表れといえます。

パーソナリティは、**遺伝的要因（個体的要因）**と**環境的要因（経験的要因）**との相互作用のなかで、時間をかけて形成されていきます。

遺伝的要因（個体的要因）	体型、体質、容貌、内分泌系・神経系機能、運動能力、知能など
環境的要因（経験的要因）	乳児期の初期経験、養育者との関係、家族構成、友人関係、生育環境など

レッスン 2 子どもの発達過程とは?

小さい子どもは半年、1年会わないうちにずいぶんできることが増えますね。私も驚いたことがあります。

特に生まれたばかりの新生児から満1歳になるまでには、体も心もめざましく成長します。ここでは、その発達過程について勉強していきましょう。

❶ 情緒の発達

新生児期❶には、外部から受けた刺激に対する反応が、**興奮**というかたちで表れます。**快と不快**を区別して感じ、表すようになるのは生後3か月ごろからです。たとえば、生後まもないころは、泣き方も単調です。しかし、少しずつ不快感や空腹など、感情を訴える泣き方をするようになります。

乳児期❷には表情豊かになりますが、**怒りやおそれ**といった不快の表現が目立ちます。1歳ごろから、**母親や周囲の人たちに対して愛情を抱く**ようになります。また、愛情の出現にともない、**嫉妬**の感情も生まれます。

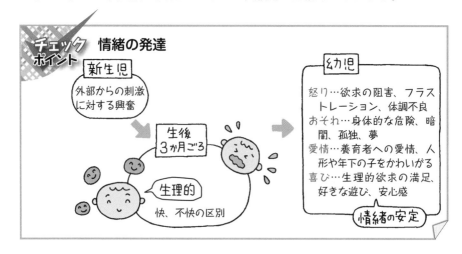

チェックポイント　情緒の発達

新生児
外部からの刺激に対する興奮

生後3か月ごろ

生理的
快、不快の区別

幼児
怒り…欲求の阻害、フラストレーション、体調不良
おそれ…身体的な危険、暗闇、孤独、夢
愛情…養育者への愛情、人形や年下の子をかわいがる
喜び…生理的欲求の満足、好きな遊び、安心感

情緒の安定

❷ 身体的機能・運動機能の発達

　生まれたばかりの新生児には、**原始（新生児）反射**とよばれる**不随意運動**があります。これは、特定の刺激に対する、無意識の部分運動です。たとえば、口のまわりに何かがふれると、頭を動かして唇や舌でとらえようとしたり、吸い付こうとします。また、手のひらにものがふれると、そのものを強く握るのも原始反射です。原始反射は少しずつ消えていき、しだいに**主体的な意思によって起こる随意運動**が現れてきます。

　運動能力は、**座る**、**這う**、**立つ**、**歩く**という順序で発達します。**歩行運動が始まるのは、満1歳〜1歳3か月ごろ**です。また、「目についたものを→手を伸ばして→しっかりとつかむ」という動作ができるようになるのもこのころです。こうした動作ができるためには、感覚と運動の連携が必要です。このように、**感覚と運動が結びつく**動作を、**協応動作（協応行動）**といいます。

　満2歳を過ぎると**転ばないで走れる**ようになります。これを**歩行運動の完成**といいます。ただし、大きな歩幅で腕を振って走る、いわゆる**疾走ができるようになるのは満4歳ごろ**になります。また、このころには**手先の器用さ**が増し、絵本のページをめくる、小さなものをつまむ、ボタンを外す、はさみを使う、ひもを結ぶといった動作もできるようになります。

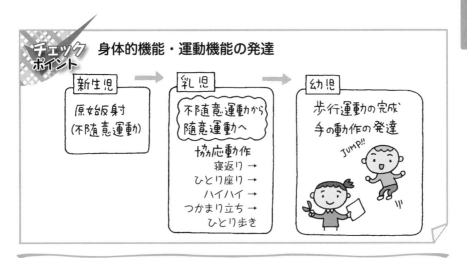

チェックポイント　**身体的機能・運動機能の発達**

- 新生児
  原始反射
  （不随意運動）
- 乳児
  不随意運動から随意運動へ
  協応動作
  寝返り →
  ひとり座り →
  ハイハイ →
  つかまり立ち →
  ひとり歩き
- 幼児
  歩行運動の完成
  手の動作の発達
  JUMP!!

❶出生後28日未満。❷新生児期を含めて満1歳になるまでの期間。

❸ 言葉の発達

　発声の始まりは、生後1か月ごろからです。生後2か月ごろには機嫌のよいときに、**のどの奥を鳴らすような不明確な声**を出すようになります。これを**クーイング**といいます。

　生後3〜4か月ごろには、**アーン**、**ング**といった意味をもたない発声が始まります。これを喃語といいます。また、生後6〜7か月ごろからみられる「バババ」「ダダ」というような同一音声のくり返しを、反復（規準）喃語といいます。

　生後10か月〜満1歳ごろになると、「**マンマ**」などの言葉を使って食べ物や母親を指さすようになります。このように**音声と意味が結びついた**ものを、喃語と区別して初語（**最初の言葉**）といいます。このころの言葉を片言あるいは**一語文**といいます。

　そして、満1歳半ごろから、ものの名前を知りたがるようになり、語彙数は急激に増加します。これを「**語彙爆発**」といいます。

　言葉を覚えるほど、知的興味や関心が高まり、「なぜ」「どうして」と盛んに質問をするようになっていきます。こうしたやり取りを通じて、言葉の表現はどんどん豊かになっていくのです。

　「おはよう」「ありがとう」などのあいさつを覚えて使うだけでも、言葉を

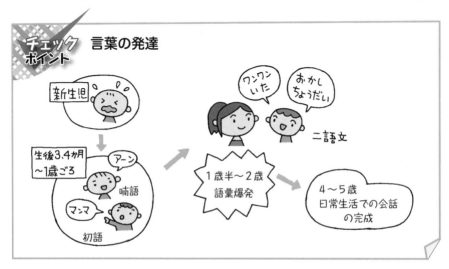

チェックポイント　言葉の発達

交わす心地よさを体験していきます。

❹ 社会性の発達

　生後３か月くらいの赤ちゃんは、あやされると誰に対しても愛想よくほほえみかけたりしますが、これはまだ身近な人とそうでない人とを分けて認識することができないためです。

　人の顔を区別できるようになると、**見知らぬ人に対して不安を感じ**、泣き出したりします。これがいわゆる**人見知り**であり、生後７〜８か月ごろから起こるため**8か月不安**ともよばれています。しかし、人見知りは悪いことではなく、特定の大人との愛着関係が育まれている証拠です。

　子どもは、満２〜４歳ごろに**第一次反抗期**を迎え、**急に言うことを聞かなくなったり、自己主張が強くなったり**します。こうした態度は、**自我意識**が目覚めてきたことの証しです。自我が成長するにつれて、自分についての認識と同時に、家族、友だち、先生などとの関係がわかり始めます。また、周囲の人への興味がわき、知らない大人や子どもにも近づいていこうとします。友だちと遊んでいてけんかになっても、言葉による伝達能力が発達するにつれ、子どもだけで解決できるようになっていきます。自分の意見を言うだけでなく、人の言うことに耳を傾けたりしながら、**仲間と協調して楽しく過ごすやり方**を覚えていくのです。こうした姿勢や態度は、生涯にわたる**人との関わり**や**生活の基礎**となっていきます。

チェックポイント　社会性の発達
〈乳児〉　　〈幼児〉
身近な人とそうでない人の区別がつかない
人の顔を見分ける
人見知り
自己主張
家族以外との人間関係
自分でやる！　この服イヤ！
自我の表れ
かしてあげるね

レッスン 3 心理学者は子どもの発達をどう考えたか？①

 人が成長する過程では、いろいろな条件や心理状態が影響し合っているのですね。

 そうです。そして、発達は赤ちゃんから老人まで続いていくのです。この「発達心理学」の理論を学んでいきましょう。

❶ エリクソンの唱えた「発達課題」

　発達心理学の基本となる考え方をつくったのは、ドイツの心理学者**エリクソン❶**です。

　エリクソンは、「**人間は生涯にわたって連続して発達していく**ものであり、ある時期の発達は、前段階における発達からの影響を受ける」としています。

　前のレッスンで述べた、乳児が立って歩くまでの過程を思い出してみてください。発達の変化は、常に絶え間なく連続して進んでいるわけです。

　この理論では、それぞれの**発達段階**には、**一定の課題（発達課題）**があり、これを達成しなければ次に進むことはできないとしています。

❷ エリクソンの「ライフサイクル論」

　エリクソンは、人間の生涯（**ライフサイクル**）を年齢ごとに8つの発達段階に分けました。これは、オーストリアの精神分析学者**フロイト❷**による心理・性的発達の理論に、**社会的な視点**を加えたものです。エリクソンは、0〜1歳ごろの**乳児期には信頼性**、1〜3歳ごろの**幼児前期には自律性**、3〜6歳ごろの**幼児後期には自発性**を、それぞれの時期の発達課題としています。この理論が示しているのは、各発達段階との関連性です。

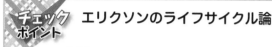

乳児期(0～1歳)「信頼性」
(希望の感覚)
・養育者をはじめ、まわりの人を信じられるか。

幼児前期(1～3歳)「自律性」
(意思)
・自分の行動を抑制できるか。

幼児後期(3～6歳)「自発性」
(目的の感覚)
・養育者のもとを離れ、自分で積極的に行動できるか。

学童期(6～12歳)「勤勉性」
(有能感)
・生きる力を習得できるか。

青年期(12～22歳)「自我同一性」
(思春期) (忠誠)
・自分は何者なのか。自分の信念とは何なのか。

成年前期(22～35歳)「親密性」
(愛)
・自分自身を他者に完全に与えることができるか。

成年後期(35～65歳)「生殖性」
(世話)
・次の世代継承にあたって何を提供できるか。

老年期(65歳以上)「自我の統合」
(英知)
・自分の人生に満足しているか。

※( )内は発達課題を達成して獲得するもの。

③ 乳児期の愛着形成

　子どもが人間に対して抱く信頼感の基礎は、養育者との**愛着（アタッチメント）**によって形成されます。これは、赤ちゃんが養育者になついて笑ったり、養育者が赤ちゃんの要求に適切に反応するという**相互作用**によって強められていきます。

　アメリカの心理学者**ハーロウ❸**は、愛着に関する実験として、生まれたばかりのサルを母親から隔離し、授乳ができる針金製の人形と、授乳ができない柔らかい布製の人形のもとで飼育しました。その結果、子ザルが布製の人形に強い愛着を示したことから、乳児にとって**スキンシップ**による快感は、睡眠や食欲などと同じように、成長に必要な生理的欲求であることが明らかになりました。

---

❶ エリクソン（1902～1994年）。 ❷ フロイト（1856～1939年）。 ❸ ハーロウ（1905～1981年）。

レッスン 4 心理学者は子どもの発達をどう考えたか？②

いろいろな心理学者の研究が積み重なって、乳幼児期の発達のようすが明らかになってきたのですね。

たくさんの実験、分析や議論は今も行われています。次は、視覚など感覚の発達についてみていきましょう。

❶ 乳児期の視覚の発達

　検査方法により異なりますが、**新生児の視力は 0.01 〜 0.02 程度**といわれています。また、視神経をつかさどる中枢神経系が未熟なため、焦点を調節する能力も未発達です。そのため、**自分の目から 20 〜 30cm の位置に焦点が固定**されていて、ほかのものはぼんやりとしか見えていません。

　新生児期には不十分だった焦点の調節機能や輪郭をとらえる適応力は、少しずつ発達していきます。生後 2 〜 3 か月ごろには**色の識別**ができるようになります。遠近については、生後 3 か月ごろには 2 m 程度、生後 4 か月以降になると、遠いところもしだいに見えるようになっていきます。

チェックポイント　乳児期の視覚の発達

生後まもなく　　　　生後2〜3か月ごろ　　　　生後4か月以降

20 〜 30cm の位置に焦点が固定

色の識別

遠くも見えるように

❷ 三次元の理解

乳児は、早い時期から高さや深さ、奥行きなど三次元的な広がりを理解しているといわれています。

ギブソンと**ウォーク**は、視覚的断崖とよばれるガラス張りの装置を使った実験を行いました。装置の上に生後6か月以降の乳児を座らせ、母親が反対側から声をかけて呼んだところ、浅い側は這って渡るのに対し、下が深く見える所へ移動した乳児はごくわずかでした。

つまり、ほとんどの乳児が深さを認識していたために、恐怖を感じて渡らなかったものと考えることができます。

■ギブソンとウォークによる視覚的断崖の実験

深い側　　　　浅い側

ガラス越しに床が見える

模様板の上にガラス板がある

❸ 新生児期の感覚

五感のなかで**高等感覚**といわれる**視覚・聴覚**は、出生時には働きはまだ十分ではなく、出生後徐々に発達していきます。聴覚の基本構造については、母親の胎内ですでに完成しています。新生児はさまざまな音に対して敏感に反応する能力をもっており、**音のする方向に目を向ける**定位反射もみられます。

ただし、音の聞き分けや音のする場所を知るといった高度な聴覚機能の発達には、ある程度の時間がかかります。

高等感覚に対し、**劣等感覚**といわれる**味覚・嗅覚・触覚**については、出生時に一通りの機能がそろっています。

レッスン 5 心理学者は子どもの発達をどう考えたか？③

ここでは、知的機能の発達について理解しましょう。もちろんこれも、独立してとらえられるものではなく、感覚機能、身体・運動機能など、その他の機能の発達と互いに結びついています。

総合的な知識をもつことが大切なのですね。

❶ 乳児期の知的機能の発達

　スイスの生物学・心理学者ピアジェ❶は、知能の発達は直線的ではなく、ある区切りごとに思考方法が変化し、それまでにない**認知構造（シェマ）**が生じると考え、満2歳ごろまでの知的活動を感覚運動的知能の段階として、6段階に分類しました。

■ピアジェによる感覚運動的知能の6段階

①反射の使用 （生後0〜1か月）	外界についての認識はない。吸啜（吸い付き）反射などによる活動段階。
②第一次循環反応期 （生後1〜4か月）	「循環反応」による活動段階。外界の認識は繰り返す行動との関連によってのみ得られる。
③第二次循環反応期 （生後4〜8か月）	音がするおもちゃを繰り返し鳴らそうとするなど、感覚と運動を外界の物体に関係させる段階。
④二次的シェマの協応期 （生後8〜12か月）	おもちゃを取る（目的行動）ために、その前にあるものを押しのける（手段行動）など、自分とは違うものとして、外界の物体を認識し始める。
⑤第三次循環反応期 （生後12〜18か月）	自分の行為とそれが外界に及ぼす影響に関心を向ける。音がするおもちゃを鳴らす場合にも、鳴らし方を変えて音の変化に関心を向ける。
⑥表象の始まり （生後18〜24か月）	さまざまな方法を試してみるのではなく、「考える」ことにより、行為の結果を予測できるようになる。目の前にないものをイメージすることが可能な段階。

「循環反応」とは、**ある行動によって生じる感覚への興味によって、その行動を繰り返す働き**のことです。乳児の知能は、この循環反応の繰り返しによって発達していくと考えられています。

❷ 象徴的思考

おおむね2歳ごろまでは、感覚と運動が**かみ合って働く「協応」**によって、新しい場面に適応していく時期です。2〜4歳ごろは、**考えて予測する、目の前にないものをイメージ（表象）**できる象徴的思考期です。

2歳の終わりごろには、自分のしたいこと、してほしいことを言葉で表現（象徴）するようになっていきます。また、葉っぱをごはんに見立てたり、ヒーローになった「つもり」になる「ごっこ遊び」を楽しむようになります。

チェックポイント 象徴的思考期の遊び

❸ 物事を概念化する能力

幼児期には、物事に関する**概念化**（カテゴリー化）が進みます。しかし、この時期の概念化は知覚に依存しているため、2つのものの類似点を尋ねると、色や形といった知覚的印象を答えるなど、発達のうえではまだ不十分です。そのものの機能や役割などでカテゴライズする能力は、4歳ごろから徐々に育っていきます。表象化、概念化の能力は、7、8歳ごろにはかなり発達します。一方で、推理や判断力は低く、たとえば、量や重さの判断は、**見かけの大きさにとらわれてしまいがち**です。

❶ ピアジェ（1896〜1980年）。発達心理学における知覚の発達や認識論の研究で知られている。

レッスン
6 発達援助とは何か？

子どもはいろいろな経験をしながら、少しずつ発達していくのですね。

だからこそ、保育士は適切な環境や機会を用意し、また適切な援助をすることが必要なのですよ。

❶ 保育の姿勢

　本来、子どもには自分で発達していく力が備わっており、**発達の主体はあくまでも子ども自身**です。保育では、子どもをあるがままに**受容**し、その気持ちに**共感**する姿勢が重要になります。

　保育活動は、保護や世話を通して子どもの発達を援助していく**発達援助活動**といえるでしょう。保育士は、自然・社会環境を有効に活用しながら、子どもの発達を促すような人的環境、物的環境などを整えていくことが求められます。

チェックポイント　環境を有効活用する

自然環境 — 花だんや菜園をつくったり、自然散策をしたりする

社会環境 — 地域の人と交流する

❷ 環境への関わり

子どもは、子どもを取り巻く環境に**主体的に関わり、自ら心や身体を動かす**なかで、成長が促されていきます。周囲には、子どもが興味をもち、思わず関わってみたくなるような**もの**や**人**、**事柄**、**雰囲気**が必要です。やってみたいという気持ちが高まり、十分に打ち込むことができる環境づくりを心がけましょう。子どもの**感性**を揺さぶり、夢中になって遊べる環境や、遊びを工夫したり発展させられるような柔軟な環境づくりが望まれます。

また、子どもが自発的に試してみれば達成できる**課題**などを用意することも大切です。こうした経験は、**達成感**や**自信**の獲得につながり、自我の形成にもつながるものだからです。

❸ 個々の発達過程を踏まえた援助

生活や遊びをともにするなかでは、子ども一人ひとりの心身の状態や、**発達過程**を理解することが必要です。そのうえで、個々の発達の**順序性**や**連続性**を踏まえ、長期的な視野をもって保育しなければなりません。

保育士は、子どもが今、楽しんでいることをともに喜びながら、**それぞれの子どもに合った援助**を行います。発達過程をしっかりととらえながら先を見すえ、何より子どもの可能性を引き出すことが、援助の目的です。子どもの状態に合った適切な関わりや言葉がけをしたり、環境を再構成しながら一緒に楽しむことも大切です。

チェックポイント　**発達過程に合った言葉がけ**

こうしてみたらどうかな？

見守る　　援助する

解決できそうね

○×問題・穴うめ問題

該当
レッスン

1

○× ❶ 乳幼児期の発達の速度は、一生のなかでも最もゆっくりとしている。

穴うめ ❷「発達」を進める2つの要素とは、「（A）」と「（B）」である。

穴うめ ❸ 運動発達には、（A）から尾部（脚部）へ、中心から（B）（体の末梢）へという方向性がある。

穴うめ ❹ ヒトにおいて発達の過程の中で、遺伝と環境は（A）に関係し合っているとされている。

2

穴うめ ❺ 目についたものをさわるというような、感覚と運動が結びつく動作を「（A）」という。

○× ❻ 6か月以降の乳児期後半に、「ババババ」「ママママ」のような子音と母音の連続である規準喃語を発するようになる。

3

○× ❼ エリクソンは、学童期の心理社会的危機は「勤勉性 対 劣等感」としている。

○× ❽ エリクソンは、高齢期は人格を完成させることが発達課題であり、これまでの自分の人生に意義と価値を見出すことができることを「自我の統合」とした。

穴うめ ❾ ハーロウは、乳児にとって（A）による快感が、睡眠や食欲などと同じように成長に必要な生理的欲求であるとした。

4

穴うめ ❿ 乳児は、早い時期から高さ、深さ、奥行きなど（A）な広がりを理解しているといわれている。

5

○× ⓫ 5、6歳ごろになると、量や重さを見かけにとらわれずに判断できる。

6

○× ⓬ 保育では、子どもをあるがままに受容し、その気持ちに共感する姿勢が重要である。

═══════════════ 答え ═══════════════

❶× きわめて速い ❷（A）成熟（B）学習（順不同） ❸（A）頭部（B）周辺部 ❹（A）相互 ❺（A）協応動作（協応行動） ❻○ ❼○ ❽○ ❾（A）スキンシップ ❿（A）三次元的 ⓫× 見かけの大きさにとらわれる ⓬○

第 7 章

子どもの保健

レッスン 1 子どもの健康とは？

「子どもの保健」は、保育士の日々の仕事に関わる科目ですね。

子どもの生命と健康を守るために、しっかり勉強していきましょう。

❶ 健康の定義とは？

　健康とは、どのようなことを指すのでしょうか。WHO（世界保健機関）は、「**WHO 憲章**」（1948 年）において、健康とは単に疾病や病弱が存在しないことではなく、「**完全な肉体的、精神的及び社会的福祉の状態**」としています。**肉体（身体）に問題がなくても、ストレスに苦しんでいたり、社会的に孤立しているようでは、健康とはいえない**のです。この考え方は、福祉でいう「ウェルビーイング」と共通しています。

　子どもの場合は、未熟な段階から成熟した段階へと常に発育・発達し続けています。その過程には個人差がありますが、家族やまわりの人に温かく見守られ、すくすくと育っている状態が、健康といえるでしょう。

❷ 健康指標とは？

　地域の人々の健康状態の程度を、**保健水準**といいます。保健水準を調べるときに使われるのが、**死亡率**（人口 1,000 人あたりの死亡数）、**乳児死亡率**（出生児 1,000 人あたりの 1 歳未満の乳児の死亡数）、**新生児死亡率**（出生児 1,000 人あたりの生後 4 週未満の新生児の死亡数）などの健康指標です。

　国や地方公共団体は、これらのデータをもとに、今後どのような施策を行うのが望ましいのかを考えます。

　わが国の乳児死亡率は、公衆衛生・栄養の改善により、現在では 1.8（2022

〈令和4〉年確定数）と、世界的に低い数値となっています。

乳児と幼児の死亡原因

乳児

幼児
（1〜4歳）

乳児		幼児（1〜4歳）
先天奇形、変形及び染色体異常	1位	先天奇形、変形及び染色体異常
周産期に特異的な呼吸障害等	2位	不慮の事故
不慮の事故	3位	悪性新生物〈腫瘍〉

厚生労働省「令和4年人口動態統計確定数」をもとに作成

　そのほか、**死産率、周産期❶死亡率、妊産婦死亡率**も、小児保健では重要な指標です。現在わが国では死産率が19.3、生後1か月の死亡（新生児死亡率）が0.8、妊産婦死亡率が4.2という数値になっています。世界的には、これらの死亡率が低い国の1つに位置づけられます。

$$死産率 = \frac{死産数}{出生数＋死産数} \times 1,000$$

$$周産期死亡率 = \frac{妊娠満22週以後の死産数＋早期新生児死亡数}{出生数＋妊娠満22週以後の死産数} \times 1,000$$

$$妊産婦死亡率 = \frac{妊産婦死亡数}{出生数＋死産数} \times 100,000$$

子どもの保健

❶ 妊娠満22週から出産後1週間未満の期間のこと。

レッスン 2 子どもの発育・発達とは？

子どもの身体発育には個人差がありますが、ほかの子どもとの差が大きい場合など、保護者に専門家の診断をすすめるケースもあります。

❶ 子どもの身体的発育の特徴とは？

身体が大きくなることを**発育（成長）**といい、精神面や運動面で成熟していくことを**発達**といいます。発育と発達は関連し合っていますが、それが進む時期はどちらも一定ではありません。アメリカの医学者**スキャモン**は、器官別の発育の違いを、発育曲線にまとめています。

■ スキャモンの器官別発育曲線

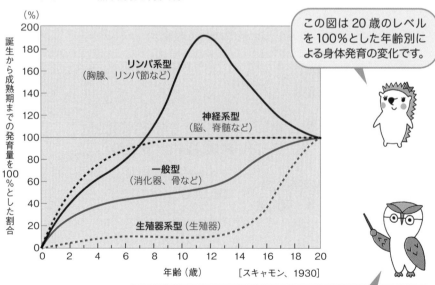

この図は 20 歳のレベルを 100％とした年齢別による身体発育の変化です。

脳や脊髄などの神経系が最も早く発達します。免疫と関係するリンパ系型は、11〜12 歳ごろに成人の約 200％まで発達します。

生後すぐからの成長の著しい時期を、**第一発育急進期**といいます。その後、成長は緩やかになり、思春期（8、9歳ごろ〜17、18歳ごろ）に再び急激な成長が起こります。これを**第二発育急進期**といいます。

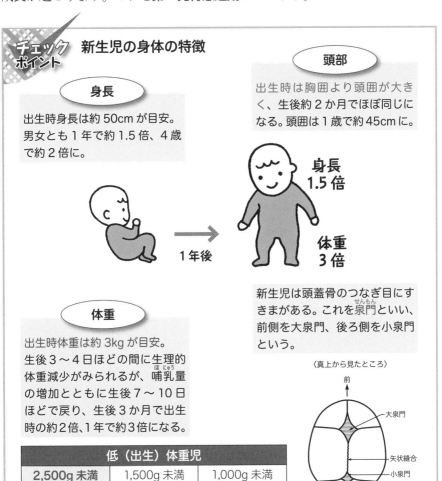

チェックポイント　新生児の身体の特徴

身長

出生時身長は約 50cm が目安。男女とも1年で約 1.5 倍、4歳で約2倍に。

頭部

出生時は胸囲より頭囲が大きく、生後約2か月でほぼ同じになる。頭囲は1歳で約 45cm に。

身長
1.5 倍

1年後

体重
3 倍

新生児は頭蓋骨のつなぎ目にすきまがある。これを泉門といい、前側を大泉門、後ろ側を小泉門という。

体重

出生時体重は約 3kg が目安。生後3〜4日ほどの間に生理的体重減少がみられるが、哺乳量の増加とともに生後7〜10日ほどで戻り、生後3か月で出生時の約2倍、1年で約3倍になる。

〈真上から見たところ〉

前

大泉門

矢状縫合

小泉門

後

低（出生）体重児		
2,500g 未満	1,500g 未満	1,000g 未満
低（出生）体重児	極低（出生）体重児	超低（出生）体重児

乳歯は、**生後6〜7か月**で生え始め、**3歳ごろ**には**20本**が生えそろいます。6歳ごろになると、乳歯が抜け始め、**永久歯**が生え始めます。永久歯は、親しらずを含めると32本で、20歳ごろまでに生えそろいます。

子どもの保健

② 身体発育状態の評価とは？

　身体発育状態を評価する場合、厚生労働省が10年ごとに全国調査している**乳幼児身体発育値のパーセンタイル値**が目安とされています。パーセンタイル値とは、**統計全体のなかでどの位置にあるかを表す値**です。50パーセンタイル値が中央値で、そこから数値が離れるほど少数派になります。3パーセンタイル値未満と97パーセンタイル値以上の場合は、**経過観察が必要**とされますが、発達には問題がなく、単に個人差であることも少なくありません。

 パーセンタイル値の例

乳幼児（男子）身体発育曲線（体重）

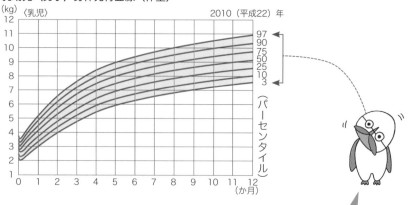

> 体重のパーセンタイル値の一例です。一番上の線が97パーセンタイル値、一番下の線が3パーセンタイル値を示しています。子どもの月齢と体重が重なるポイントが、この2本の線の間にあれば、体重については特に心配ないと考えていいでしょう。

　身体と体重のバランス（肥満・やせ）を判断する目的では、生後3か月以降の乳幼児にはカウプ指数が、学童期以降はローレル指数が用いられます。

〈計算式〉

$$\text{カウプ指数} = \frac{\text{体重 (g)}}{\text{身長 (cm)}^2} \times 10$$

14以下 ……………	やせ
15〜18 …………	普通
19以上 ……………	肥満

$$\text{ローレル指数} = \frac{\text{体重 (kg)}}{\text{身長 (cm)}^3} \times 10^7$$

100以下 …………	やせすぎ
145くらい ………	標準値
160以上 …………	肥満

❸ 子どもの生理機能の特徴とは？

　子どもは器官が未熟なことから、生理機能も大人とはさまざまな点で異なっています。まず、呼吸に関する器官（肺胞、胸郭など）が未熟なため、乳児期は**腹式呼吸**をしています。胸腹式呼吸ができるようになるのは、幼児期前半です。また上気道などが狭く、呼吸困難に陥りやすく、感染症にかかりやすいので注意が必要です。呼吸数は年齢が低いほど多いのですが、**新生児や乳児に睡眠時の無呼吸**がしばしばみられます。

　年齢が低いほど新陳代謝が盛んなことから、**脈拍数も多く**なります。新生児で1分間に120〜150、乳児で120〜140、幼児で80〜120です。

　体温は**成人よりも高く、36.8〜37.4℃**がほぼ正常値です。子どもは身体の異常が体温に現れやすいので、身体のようすに何か変化を感じたときにはまず検温をします。なお、乳幼児には**腋窩**（わきの下）**検温**または耳式検温を行います。事故防止のため、子どもには口腔検温を行いません。

チェックポイント　　**乳幼児の消化器・泌尿器**

乳児期の胃は筒状
- 乳児は胃の入り口の閉鎖機能が未熟で、戻しやすい。生後3〜4か月まで哺乳の後は排気（げっぷ）をさせる。

膀胱に尿がたまると反射的に排尿
- 乳児は中枢神経系が未熟なので、排尿を抑制できず、反射的に排尿する。
- 2歳前後から自分の意思で排尿できるようになり、3〜5歳になると睡眠中の尿意を抑制するホルモンの分泌が増え、夜間の排尿の自立が可能になる。

乳児期は脊髄反射で排便
- 出生後2〜3日続く緑黒色の便を胎便という。
- 1歳半〜2歳ごろには排便を訴えられるようになる。

レッスン
⭐3 子どもの感染症とは？

子どもは感染症にかかりやすいうえ、保育所での集団生活ではすぐに感染が広がります。まずは保育士自身が感染症にかからないように気をつけましょう。

❶ 感染症とは？

　感染症は、体内に侵入した**病原体**が繁殖することによって、身体に発熱や下痢などの異常が起こる病気です。感染する病原体をもつ患者（**保菌者**）や動物などを**感染源**といいます。病原体の感染経路は以下のとおりです。

■ 病原体の感染経路

	感染の仕方	主な病原体
飛まつ感染	咳やくしゃみなどによる感染	インフルエンザウイルス、麻しんウイルスなど
空気感染 （飛まつ核感染）	空気中に拡散した病原体による感染	結核菌、麻しんウイルスなど
接触感染	直接接触感染（感染源に直接接触）、間接接触感染（患者の使った衣類や食器などに接触）	黄色ブドウ球菌、インフルエンザウイルス、ロタウイルス、ノロウイルスなど
経口感染	病原体を含んだ食品や飲料	コレラ菌、サルモネラ属菌など

　病原体が体内に侵入しても、必ず発病するわけではありません。身体には異物を排除する**防衛機能**があり、その機能によって病原体にふれても感染しない場合があります。また、身体はある病原菌に感染すると、それと闘った記憶を**抗体**として残すことができます。そして次にまた同じ病原体が侵入してきたときには、抗体が反応してその病原体を排除するのです。抗体は、実際に感染してつくられる場合と、予防接種などで人為的に感染してつくられる場合があります。この仕組みを、**免疫**といいます。

② 感染症の予防対策とは？

日ごろから健康的に生活し、外遊びの後や帰宅時には**手洗い・うがい**を行い、環境の**衛生管理**に気をつけることが大切です。感染症が流行する時期は、外出時に**マスク**を着用し、人が集まるところには出かけないようにします。

もし感染症の患者がいる場合は、使用した衣類を**消毒**し、汚物を処理する際は**使い捨て手袋**を使用するなど、十分な配慮が欠かせません。保育所、学校などでは感染が広がりやすいため、「**学校保健安全法施行規則**」（第18条、第19条）で、学校感染症として予防すべき感染症が定められています。

③ 主な感染症とは？

子どもがかかりやすい感染症は、多数あります。まず定期予防接種の対象となっている主な感染症を下にあげます。

■ 定期予防接種の対象となる主な感染症

病名	病原体	特徴
麻しん （はしか）	ウイルス	春から夏に流行。感染しやすく、発熱後にコプリック斑が出る。いったん熱が下がった後、再び高熱になり、発しんが出る。発病後、約8日目くらいで表皮が落ち、色素沈着を残して治癒。
風しん （三日ばしか）	ウイルス	春から夏に流行。麻しんに似た発しんが出て、リンパ節が腫脹。3日ほどで症状が治まる。妊娠初期に感染すると、胎児に障害が出現しやすい。
日本脳炎	ウイルス	コガタアカイエカの媒介で感染。急な頭痛、高熱の後、けいれんや言語障害が出現。
急性灰白髄炎 （ポリオ）	ウイルス	中枢神経細胞が侵される疾患。発熱後に麻痺が生じる。ワクチンで患者が激減した。
水痘	ウイルス	空気感染、飛沫感染、接触感染。発熱後に発しんが出る。紅斑から始まり、水疱、膿疱（粘度のある液体が含まれる水疱）を経て痂皮化（かさぶたになること）して治癒する。
ロタウイルス 感染症	ウイルス	ウイルス性胃腸炎の一種。嘔吐と下痢が主な症状。白色便がみられる。
ジフテリア	細菌	咽頭など感染部に白い膜（偽膜）ができる。犬の遠吠えのような咳が出る。
破傷風	細菌	土のなかの破傷風菌が傷口などから侵入して感染する。けいれんや筋の硬直が起こり、命を落とすことも。
百日咳	細菌	かぜに似た症状の後、短い咳と音をたてて息を吸うレプリーゼという発作が約1か月続く。

チェックポイント 特定の季節に流行しやすい感染症

冬〜春

水痘（水ぼうそう）
2〜8歳に多く、水疱が全身にでき、手でかきむしると化膿してあとが残りやすい。

流行性耳下腺炎（おたふくかぜ）
4〜10歳に多く、耳下腺が腫れる。思春期以降にかかると、男子は睾丸炎、女子は卵巣炎、乳腺炎を合併することがある。

春〜夏

ヘルパンギーナ
乳幼児に多く、突然38〜40℃の高熱が出る。のどの軟口蓋に小水疱がたくさん出る。脱水症状を起こしやすい。

手足口病
手のひら、足の裏、口の粘膜に水疱ができる。38℃前後の発熱。まれに脳炎や髄膜炎を起こす。

プール熱（咽頭結膜熱）
プールの水を介して感染することが多い。38〜39℃の発熱が2〜5日間続く。のどの痛み、結膜炎が特徴。

秋〜冬

インフルエンザ
病原体の型が多く、性質が変わりやすいため、何度も感染しやすい。予防接種を受けても、それとは違う型が流行した場合には効果がない。症状は悪寒、発熱、頭痛など。乳幼児では肺炎などを起こすおそれがある。

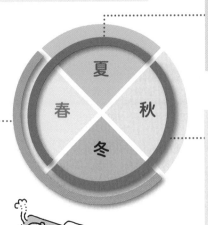

このほか、2歳以下に多い突発性発しんは、突然発熱し、解熱後に全身にばら色の汗しん（あせも）に似た発しんが出る感染症で、季節の変わり目にやや多いといわれています。

❹ 予防接種とは？

　予防接種には、市町村長が時期などを指定して行う**定期（勧奨）予防接種**と、希望者が自主的に受ける**任意（自発的）予防接種**があります。

　予防接種のワクチンには、**生ワクチン**と**不活化ワクチン**があります。生ワクチンは、病気にならない程度に弱くした病原体を、そのまま接種するものです。不活化ワクチンは、病原体の細菌やウイルスを殺して毒性をなくし、抗体をつくるのに必要な成分をワクチンにしたものです。ほとんどの生ワクチンでは1回の接種で免疫ができますが、不活化ワクチンでは抗体ができにくいため、複数回接種し、さらに6か月以上〜1年後に追加接種をするのが一般的です。

■ 定期予防接種の種類

	ワクチン名	接種
生ワクチン	麻しん・風しん混合（MR）ワクチン	生後12〜24か月未満に1回、5〜7歳の間（小学校就学の1年前から就学前日まで）に1回の合計2回
	BCG*¹	生後12か月未満に1回
	水痘ワクチン	生後12〜36か月未満に2回
	ロタウイルスワクチン	生後2か月から生後14週6日までに1回＋1回あるいは2回の計2回もしくは3回（追加接種はワクチンの種類によって異なる）
不活化ワクチン	日本脳炎	生後6〜90か月に2回＋1回、9〜13歳の間に1回
	五種混合ワクチン（Ⅰ期）*²	生後2〜90か月未満に3回＋1回
	二種混合ワクチン（Ⅱ期）*³	11〜13歳未満に1回
	小児用肺炎球菌ワクチン	生後2〜60か月未満に1〜3回＋1回
	HPVワクチン	12〜16歳の間に3回（女子のみ）
	B型肝炎ワクチン	1歳未満に3回

次の接種を行うまでの間隔

＊1 結核のワクチン。＊2 百日咳、ジフテリア、破傷風、不活化ポリオ、Hib混合ワクチン。第Ⅰ期の接種では、五種、四種＋Hib、三種＋不活化ポリオ＋Hibなど使用するワクチンの中から選択した場合でも、原則として同じ種類のワクチンを必要回数接種する。＊3 ジフテリアと破傷風混合ワクチン。

子どもの保健

レッスン 4 小児期特有の病気とは？

私の弟が赤ちゃんだったころ、全身が黄色くなっていてビックリしたことがあります。

乳幼児期の身体は、免疫システムが不完全なため、大人とは異なる病気がみられます。

❶ 新生児に特有の病気とは？

　新生児期は、母親のおなかのなかとは異なる新しい環境に適応して生きていますが、適応がうまくいかないと病気になることがあります。これを**適応障害**といいます。新生児期の発症は、出生前に原因があることがほとんどですが、出生のときに障害が生じて発症する場合もあります。分娩のときに起こる損傷でも、産道を通るときにできる**産瘤**という、うっ血によるこぶは、生後1〜2日で消えます。しかし、頭蓋内出血は、成長に悪影響を及ぼす場合があります。低（出生）体重児では、**無酸素症によるくも膜下出血**がよくみられます。

　ビタミンK欠乏で起こる**新生児メレナ**は、消化管から出血することから、黒いタールのような便が出ます。これはビタミンKの投与で治ります。

　生後2〜4日ごろに現れる黄疸は、普通は特別な治療の必要はありません。しかし、低（出生）体重児では、核黄疸という脳性麻痺の原因になる病気を併発することがあります。低（出生）体重児に多い障害に、肺胞のふくらみをコントロールする**サーファクタント**という物質の欠乏による、**呼吸窮迫症候群**があります。出生後2〜3時間で発症し、人工サーファクタントを与えるなどの治療が行われます。

　一般に、新生児は感染症にかかりにくいのですが、生後1〜2週ごろ、**新生児剥脱性皮膚炎**を発症することがあります。高い発熱とともに口のまわりや頬が紅潮し、全身に広がった後、皮膚がむけるのが特徴です。原因は、ブ

ドウ球菌の感染とされます。

❷ 乳幼児によくみられる病気とは？

　乳児では、突然の嘔吐（おうと）や下痢による脱水症状を起こしやすく、十分な注意が必要です。冬は、**ロタウイルス**、**ノロウイルス**の感染による下痢も多くみられます。**ロタウイルスは、白い水のような便が出る**のが特徴です。ウイルス性の**上気道感染症（かぜ）**など、呼吸器の病気も乳幼児によくみられます。かぜのウイルス性感染が、**喘息様気管支炎（ぜんそくよう）や肺炎**につながる場合もあります。一方、急な発熱が、**尿路感染症**による場合も珍しくありません。尿路感染症は、尿道から細菌が侵入し、**膀胱炎（ぼうこうえん）、腎盂腎炎（じんうじんえん）**などを起こすものです。

　乳幼児では、急激な発熱により**熱性けいれん**を起こすこともよくみられます。意識がなくなり眼球が上を向くなどの異常な状態になりますが、多くの場合1〜2分で治ります。これに対し、**てんかん**によるけいれんは、脳障害や脳外傷などによる**脳疾患が原因**です。てんかんの子どもは発作を繰り返すため、抗てんかん薬を飲んで、発作を抑えます。

チェックポイント　アレルギー性疾患

アトピー性皮膚炎

慢性の湿しん性皮膚炎。生後3〜6か月ごろ首や頬に湿しんが出現し、幼児期には体幹や四肢に移行。

食物アレルギー

特定の食物成分をアレルゲンとし、下痢、嘔吐、発しんなどの症状が出る。アナフィラキシーショック（急性アレルギー反応）を起こし、血圧低下や呼吸困難、意識障害が起こる場合もある。

アレルギー性鼻炎

ほこり、ダニ、花粉などのアレルギー原因物質（アレルゲン）を吸うことで起こる鼻粘膜系アレルギー性疾患。くしゃみ、鼻水、目のかゆみ、充血などがみられる。

気管支喘息

アレルゲンを吸い込むことで、気管支が狭くなり、呼気性呼吸困難が起こる。アトピー性皮膚炎の子どもは気管支喘息にもなりやすい。

アレルギー性疾患の子どもが増えています。特に食物アレルギーは、命を落とす危険もあり、食事やおやつに注意が必要です。

子どもの保健

レッスン
5 子どもの心の健康とは？

子どもが心の健康を損なう原因には、先天的なものもありますが、人間関係や生活環境などの後天的な原因も少なくありません。

子どもの心の健康には、まわりの大人の関わり方が大切なのですね。

❶ 子どもの精神疾患とは？

　精神疾患とは、けが、薬物、ストレスなど、何らかの理由で脳の働きが正常でなくなり、ものの感じ方などに変調をきたす病気です。代表的な疾患は、**統合失調症と気分障害❶**です。近年は**子どもの気分障害（うつ病）**もみられますが、薬物療法で改善できるので、子どもの変化に気づいて早期に診察を受けさせることが大切です。うつ病によって起こる変化には、**不眠、食欲減退、口数の減少、表情の暗さ、活動性の減少**などがあります。一方、統合失調症は、妄想や幻聴によって生活が乱され、子どもの人格形成に大きな影響が出るので、これも早期の治療が必要です。

　極端に何かに不安をもち、何度も手を洗うなどの行動がみられる**強迫性障害**や、脳機能障害のためにストレスから動悸（どうき）、吐き気などを起こす**パニック障害**は、学童期以降に多い精神疾患です。以前は「神経症」といわれましたが、最近、**原因は脳内伝達物質のアンバランス**にあるといわれてきています。

❷ 子どもの心身症とは？

　心身症とは、**心理的な要因（ストレス、トラウマなど）によって身体に症状が現れる病気**です。主に**心療内科**で扱われます。症状は内科の疾患と同じでも、原因はストレスにあるため、内科を受診しても改善しないことがあります。

子どもの心の問題が原因と考えられる代表的な症状

消化器系の症状

反復性腹痛（熱はなく、差し込むような腹痛を繰り返す）、過敏性腸症候群（繰り返す下痢、便秘、ガスなど）、食欲不振、嘔吐など

循環器系の症状

起立性調節障害（立ち上がったときにめまいが起こったり、立っていると気持ちが悪くなったりする）、不整脈など

脳神経系の症状

頭痛、チック（本人の意思とは関係なく体が動いたり、声が出たりする。まばたき、首振り、肩上げなど。幼児から始まり、学童期がピーク）、憤怒（ふん ぬ）けいれん（生後6か月〜2歳で発症。欲求不満から激しく泣き、2〜3分間けいれんを起こす）、夜驚症（きょう）（睡眠中に突然奇声をあげて起き上がる症状。会話はするが目は覚めていない）など

泌尿器系の症状

頻尿、遺尿症（尿が漏れる）、夜尿症（おねしょ）など

呼吸器系の症状

気管支喘息、過換気症候群（過度の呼吸を繰り返す）

そのほかの症状

抜け毛、アトピー性皮膚炎など

発達の途中にある子どもは、言葉で感情を表現することも十分にできないため、ストレスが行動や身体的症状に影響しやすいといわれます。

保育士は、保育所や家庭で子どもがストレスを感じていないかを身体症状で判断することもできるのですね。

子どもの保健

❶ 気分障害とは症状が気分に現れる精神疾患。うつ病、双極性障害（そううつ）。

❸ 発達障害とは？

　発達障害とは、**広汎性発達障害（自閉症など）**、**学習障害（LD）**、**注意欠陥多動性障害（ADHD）** など、脳機能の発達に関係する障害です。知的障害がある場合も、ない場合もあります。発達障害のある子どもはコミュニケーションが苦手で、ほかの人にペースを合わせるのが不得意です。しかし、周囲がなるべく早く障害に気づき、適切なサポートを受けることで、障害があっても社会に適応する技術を身につけ、自立できる場合も少なくありません。2004（平成16）年に「**発達障害者支援法**」が成立し、国及び地方公共団体が発達障害者を支援することが法定化されました。

 さまざまな発達障害のタイプ（DSM-5 による）

該当する発達障害を見極めるのは難しいので、疑わしい場合は専門家に相談しましょう。

知的な遅れをともなうこともあります

重度から軽度まで含まれる

自閉スペクトラム症（ASD）
- 言葉の発達の遅れ
- コミュニケーションの障害
- 対人関係・社会性の障害
- パターン化した行動、こだわり

注意欠如・多動症（ADHD）
- 不注意（集中できない）
- 多動・多弁（じっとしていられない）
- 衝動的に行動する（考えるよりも先に動く）

限局性学習症（SLD）
- 「読む」「書く」「計算する」などの能力が、全体的な知的発達に比べて極端に苦手

厚生労働省ホームページを一部改変

条文にチャレンジ!!　　「発達障害者支援法」

> 第2条　この法律において「発達障害」とは、自閉症、アスペルガー症候群その他の広汎性発達障害、学習障害、注意欠陥多動性障害その他これに類する脳機能の障害であってその症状が通常低年齢において発現するものとして政令で定めるものをいう。

❹ 知的障害とは？

　脳は何かを感じ取り、体を動かし、考え、記憶するという働きのすべてをつかさどっています。**知的障害**とは、知能が未発達で認知能力の発達が遅れている状態です。原因は、遺伝子や染色体の異常（**ダウン症❷**、**クレチン症❸**、**フェニルケトン尿症❹**など）、出生時の脳の損傷、生後の病気などです。

　幼児期には、同年齢の幼児との交流ができない、理解力に乏しく、注意に対しパニックになるなど、育児ストレスから親が虐待してしまうこともあります。小学校入学後には普通学級の授業についていけず、自信を失い、叱られ続けたりすることで、二次障害（不登校、暴力、無気力など）が起こる場合もあります。

チェックポイント　言語障害の種類

言語障害

音声障害	言語機能障害
難聴、口や舌をうまく動かせないなどにより、言葉の発達が遅いが、治療やリハビリで改善	知的障害、発達障害、脳の損傷などにより、言葉とものを結びつけたり、言葉を記憶するなど、言葉を操作する機能に障害が出る

子どもの保健

❷染色体異常により、頭蓋骨にゆがみがあり、先天性心疾患をともなうことが多い。❸先天性甲状腺機能低下症ともいい、甲状腺の機能不全で起こる。むくみ、低体温、全身の活動低下などがみられる。❹先天性のアミノ酸代謝障害で、知的障害のほか、毛髪の色素が少ない、筋肉が硬直するなどの異常がみられる。

レッスン
6 保育現場の安全管理とは？

子どもは危険に対する知識が少なく、自分から危険物にさわろうとすることもあります。けがをさせないか心配です。

保育士に安全管理の知識があり、適切な環境づくりをしておけば、大きな事故は防ぐことができます。

❶ 保育に適した環境とは？

　子どもを保育する環境は、子どもにとって健康的で、安全性が保たれる場所でなければなりません。保育する場所の広さについては、「**児童福祉施設の設備及び運営に関する基準**」で、乳児室は乳児または満2歳未満の子ども1人につき1.65㎡以上、ほふく室は乳幼児1人につき3.3㎡以上、満2歳以上の幼児を入所させる場合、遊戯室と保育室は幼児1人につき1.98㎡以上と定められていて、認可保育所はこの基準を守っています。しかし、大都市ではこの基準を満たすことが困難なこともあり、東京都では独自の基準を設けて、認証している保育所（認証保育所）もあります。

　「保育所における感染症対策ガイドライン（2018年改訂版／2023年10月一部改訂）」では、保育室の適温を夏期26〜28℃・冬期20〜23℃、湿度約60%としています。猛暑の時期は、外の気温との差が大きくなりすぎないように、外気温と室温の差を5℃以内にします。換気は1時間に1〜3回程度行います。

　衣服の調節も、子どもの健康に影響があります。身体表面と衣服の間の空間の気温と湿度（被服気候）が適切に保たれていると、体温の調節が上手にでき、汗むれなどが起こりにくくなります。目安は**気温32±1℃、湿度50±10%**です。

　なお、高温多湿の環境では、**熱中症**になる危険があります。めまい、頭痛、

倦怠感などを訴える場合は、涼しい場所に連れていき、ぬれタオルなどで身体を冷やし、幼児用経口電解質液などを飲ませます。熱中症予防は、保育士がこまめに水分とミネラルを補給させることが大切です。

❷ 乳幼児に多い事故とは？

2022（令和4）年における子どもの死亡原因は、**0歳、1歳〜4歳ともに1位は先天奇形、変形及び染色体異常ですが、不慮の事故による死亡も多く**みられます。

乳児でも、寝返りできるようになると、柔らかい布団にうつぶせに寝て、窒息してしまうことがあります。また、生後5か月ごろからは手にふれたものを何でも口に入れてしまい、**誤飲**の事故が起こりやすくなります。特に、**たばこや医薬品の誤飲**は頻繁に発生します。生後10か月ごろからは、ハイハイで移動できるようになり、**転落**の危険が高まります。水の入った浴槽に落ちてしまうなど、溺水の事故も少なくありません。

1歳からは、発達にともなって、事故がさらに起きやすくなります。

■ 1〜5歳に多い事故

	1〜2歳	3〜5歳
転落・転倒	階段から転落、窓から転落、ベビーベッドから落下、歩行中に転倒	高い所からの転落、ベランダの手すりなどによじのぼり転落、走り回って転倒
窒息	豆類がのどにつまる、ビニールひもやビニール袋による窒息	菓子類（あめ、ゼリーなど）がのどにつまる
溺水	洗濯機や風呂場での転落、ビニールプールや水遊び場で溺水	川や海で遊んでいて溺水、水泳中に溺水
熱傷	テーブルクロスを引っ張り熱湯などをかぶる、熱湯の入った容器にふれる	食事中に熱い食べ物をこぼす、マッチなどの火遊びで熱傷、花火での熱傷
交通事故	走行中に突然ドアを開けて転落、道路で遊ぶ、歩行中の事故	車道への飛び出し、道路で遊ぶ、車との接触

なお、自動車事故での子どもの死亡を防ぐため、2000（平成12）年4月から**チャイルドシート**の着用が義務化されています。**6歳未満**の乳幼児を車に乗せる場合は、チャイルドシートを使用しなくてはなりません。

チャイルドシートは助手席ではなく、後部座席に設置します。

子どもの保健

❸ 教育・保育施設等に多い事故とは？

　教育・保育施設等では、施設の屋内外ともに事故が起きています。そのうち死亡事故が多いのは０・１歳児、負傷等が最も多いのは５歳児となっています 。2022（令和４）年における死亡事故は５人で、そのうち２人が睡眠中の事故でした。負傷等の原因は、遊具等から転落、子ども同士がぶつかる、机や棚の角に体をぶつけるなどがあります。

❹ 保育所での事故対策とは？

　保育施設では、安全な環境をつくるために、保育室のほか出入り口、トイレ、駐車場なども含め施設すべての空間の安全性をチェックする必要があり

チェックポイント　　**乳幼児突然死症候群 (SIDS)**

乳幼児突然死症候群（SIDS）は、主に生後２〜６か月の子どもの睡眠中に発生するものです。日本では 6,000 〜 7,000 人に１人の割合で起こり、保育施設で発生することもあります。健康状態から発生を予測することはできませんが、近年の研究で次のような対策が有効であることがわかってきました。

| 乳児はあお向けに寝かせ、睡眠中はこまめに呼吸や顔色をチェックする | 妊娠中は禁煙し、出生後は子どもの近くで喫煙しない。母親以外の人も妊婦や赤ちゃんのそばで喫煙しない | できるだけ母乳で育てる |

SIDS はこうした対策により年々減少していますが、2022（令和４）年の段階で、１歳未満の子どもの死亡原因の４位となっています。

ます。さらに、一人ひとりの子どもの身体の**発育・発達の段階に適した遊び**
や道具を選ぶことが事故防止につながります。

　子どもの衣類や持ち物にも注意が必要です。長すぎる衣類や飾りひもの付
いた衣類、フードのある衣類は、遊んでいるときに**遊具に衣類を引っかけて**
しまう危険性が高くなります。また、かばんの斜めがけをしたまま遊ぶと、
かばんのひもが遊具に引っかかるおそれがあります。

　子どもが自ら安全な行動をとる習慣や態度を身につけられるように、子ど
もの年齢や発達に合わせて安全教育を行います。地震や火災などの災害に備
えるため、保育所では避難訓練を**月1回**行うことが定められています。

 玩具などの安全マーク

SG マーク

幼児用製品などを対象とし、（財）
製品安全協会の基準に合格した商品
に表示

ST マーク

（社）日本玩具協会の安全基準に合
格した安全な玩具に表示

PSC マーク

ベビーベッド、ライターなど消費者
に特に危害を及ぼすおそれが高い製
品で、国の定めた技術上の安全基準
に合格したことを示す。対象品目は
PSC マークがないと販売できない

CE マーク

ヨーロッパ連合 (EU) 加盟国の基準
を満たすものに付けられる安全マー
ク。輸入玩具などに表示

保育施設では安全性の高い玩具などを使いたいも
のです。玩具の安全性を保証するマークには上の
4つがあり、商品を選ぶ際の目安となっています。

---

❶ こども家庭庁「教育・保育施設等における事故報告集計（令和4年）」より。これまでは認可・
認可外保育所のみを対象としていたが、2015（平成27）年から保育所・幼稚園・認定こども
園などに調査対象が広がった。

レッスン 7 母子保健とは？

母子保健は、母親と子どもの健康を一体的にとらえ、妊娠と出産から、出産後の母子の健康を支えている保健サービスです。

❶ 母子保健のサービスとは？

母子保健サービスは、「**母子保健法**」を基盤にして行われています。サービスの目的は、「**母性並びに乳児及び幼児の健康の保持及び増進を図るため**」（「母子保健法」第1条）とされています。「母親」としないで、「母性」としているのは、不妊相談なども、母子保健に含まれるためです。

妊婦に対してのサービスは、妊娠が判明した女性が、**市町村長または特別区の区長**に妊娠届けを提出し、**母子健康手帳の交付**を受けるところから始まります。妊娠中は、市区町村が実施主体となり、公費で医療機関の**妊婦健康診査**を受診することができますが、回数などは市区町村で異なります。また、妊婦やその家族に対しては保健センターなどで、母親（両親）学級が開かれています。

出産後は、保護者が希望する場合は、生後5～7日に先天性の代謝異常と内分泌疾患がないか調べる**新生児マス・スクリーニング検査**（タンデムマス法）を受けることができます。対象疾患は、フェニルケトン尿症、ホモシスチン尿症、メープルシロップ尿症、ガラクトース血症、先天性甲状腺機能低下症、先天性副腎過形成症などです。

子どもが生まれた家庭に保健師や助産師が訪問し、新生児の世話の把握や助言をすることもあります。さらに、「**乳児家庭全戸訪問事業**」（こんにちは赤ちゃん事業）により、生後4か月までの間に**母子保健推進員❶**などが家庭

訪問を行い、育児等に関する悩みを聞いたり、助言をしたりします。

　子どもの健康診査は、**乳児健康診査**では、主に発育・発達状態を調べます。**1歳6か月児健康診査**では**発達障害や心身障害などの早期発見や栄養指導に重点**が置かれ、**3歳児の健康診査**ではそれに**視聴覚検査や尿検査**が加わります。このときはじめて視聴覚の異常がわかることもあります。

母子保健対策の実施主体

専門的なサービスは都道府県と政令指定都市、基本的なサービスは市町村が実施主体となっています。

	市町村（特別区を含む）	都道府県と政令指定都市
健康診査	妊婦健診、乳児健診、1歳6か月児健診、3歳児健診	新生児マス・スクリーニング検査
保健指導等	母子健康手帳の交付、母親学級、育児学級	不妊専門相談
訪問指導	妊産婦訪問指導、新生児訪問指導、未熟児訪問指導	―
医療援護対策	未熟児養育医療	障害のある子どもや妊婦に対する経済的支援、小児慢性特定疾患児手帳の交付
医療対策	―	周産期・小児医療施設の整備

このほか、集団生活ができない病気治療中や回復期の子どもを預かる病児保育は、地域子ども・子育て支援事業として市町村が実施するものです。病院、保育所などの専用スペースで、市町村が必要と認めた乳幼児または小学校就学児童を対象に行われています。

子どもがインフルエンザにかかったときなどに助かりますね。

❶ 地域の母子と行政のパイプ役として、市町村長または特別区の区長の委託を受けて活動するボランティア。

ハリきって トライ！

○×問題・穴うめ問題

1

穴うめ ❶ 「WHO憲章」の健康の定義によると、健康とは、完全な（ A ）、（ B ）及び（ C ）福祉の状態であり、単に（ D ）又は病弱の存在しないことではない。

○× ❷ 2022（令和4）年のわが国の乳児死亡率は1.8と世界的にみて低い水準である。

2

○× ❸ 出生時の頭蓋骨は縫合部が閉鎖していないため、大泉門と小泉門が開いた状態であるが、大泉門は生後まもなく閉じる。

穴うめ ❹ 生後3か月以降の乳幼児の肥満・やせの判定には、（ A ）指数が用いられる。

○× ❺ 子どもは年齢が低いほど心拍数や呼吸数が多く、体温は高めである。

3

○× ❻ 5歳児クラス（年長組）になったら、卒園までに麻しん風しん混合（MR）ワクチンの2回目の予防接種を受けることが重要であることを周知する。

穴うめ ❼ 麻しんに似た発しんが出て、リンパ節が腫脹し、妊娠初期に感染すると胎児に障害が出現しやすいのは（ A ）である。

4

○× ❽ てんかんによるけいれんは、脳障害や脳外傷などによる脳疾患が原因である。

穴うめ ❾ 食物アレルギーで（ A ）を起こすと、血圧低下や呼吸困難、意識障害が起こることがある。

5

○× ❿ 広汎性発達障害では、知的障害を伴わない。

6

穴うめ ⓫ 6か月ごろの子どもは、（ A ）をするため、ベッドに一人にしておくと（ B ）が起きる。

7

○× ⓬ 母子保健は、妊娠・出産・育児という一連の時期にある母親のみを対象としている。

〜〜〜〜〜〜〜〜〜〜〜〜〜〜〜〜〜 答え 〜〜〜〜〜〜〜〜〜〜〜〜〜〜〜〜〜

❶（A）肉体的 （B）精神的 （C）社会的 （D）疾病　❷○　❸× 生後間もなく閉じるのは小泉門
❹（A）カウプ　❺○　❻○　❼（A）風しん　❽○　❾（A）アナフィラキシーショック
❿× 知的障害を伴うこともある　⓫（A）寝返り （B）転落事故　⓬× 子も対象である

第 **8** 章

子どもの食と栄養

レッスン
1

子どもの食生活の現状と課題は？①

ここからは、子どもの食生活や栄養について勉強するのですね。

そうです。まずは、望ましい食生活を送るうえで大切な心がまえについて理解しておきましょう。

❶ 望ましい食生活とはどんなものか？

　2000（平成12）年に、文部省（現：文部科学省）、農林水産省、厚生省（現：厚生労働省）が連携し、「**食生活指針**」が策定されました。

　この指針は、家庭での望ましい食生活について、献立計画から食の環境まで、食生活全般にわたって具体的な方向づけをしたもので、2016（平成28）年に改定されています。その内容は以下のようなものです。

- ●食事を楽しみましょう。
- ● 1日の**食事のリズム**から、健やかな**生活リズム**を。
- ●適度な運動とバランスのよい食事で、**適正体重**の維持を。
- ●主食、主菜、副菜を基本に、食事のバランスを。
- ●ごはんなどの穀類をしっかりと。
- ●野菜・果物、牛乳・乳製品、豆類、魚なども組み合わせて。
- ●食塩は控えめに、脂肪は質と量を考えて。
- ●日本の**食文化**や**地域の産物**を活かし、郷土の味の継承を。
- ●食料資源を大切に、無駄や廃棄の少ない食生活を。
- ●「食」に関する理解を深め、食生活を見直してみましょう。

　食の楽しみ、家族のコミュニケーション、日本の伝統的な食文化の継承などにも広く言及し、季節感や地域性を取り入れて豊かな食生活を営むことが推奨されています。

❷ 現代の食生活の問題点

　現代では、**夜型**の大人の生活が、子どもにも影響を及ぼしています。

　2010（平成22）年の「幼児健康度調査」（日本小児保健協会）**❶**によると、満1〜7歳未満の幼児では、夜10時以降に就寝する割合が全年齢平均で約30%を占めています。就寝時刻が遅いと、起床時刻の遅れにつながって朝食を**満足にとれない（欠食）**要因になり、1日の生活に影響するおそれがあります。近年、**一人だけで食事をする**「孤食」も問題視されています。

　誰かと食事を楽しむ雰囲気が得られないことは、食事の軽視につながります。人と一緒に食べることは、家族や仲間とのコミュニケーションでもあり、社会性を育てる大切な機会でもあるのです。

　「**個食**」という言葉もあります。これは、**家族それぞれが別々の料理を食べること**です。栄養・健康上の事情がない限りは、できるだけ同じものを食べ、「おいしいね」と共感し合える状況が、望ましい姿です。

食事の欠食の割合

● 昼食、夕食に比べ朝食を欠食する割合が高い
● 20歳未満で朝食の欠食の割合が最も高いのは15〜19歳男性

(%)

		1-6歳	7-14歳	15-19歳
男性	朝食	3.8	5.2	19.2
	昼食	1.0	0.4	2.3
	夕食	1.0	0.4	0.0
女性	朝食	5.4	3.4	5.9
	昼食	0.8	0.5	0.8
	夕食	2.3	0.0	1.7

厚生労働省「令和元年国民健康・栄養調査報告」

（令和2年、3年の調査は新型コロナウイルス感染症の影響により中止）

子どものころから規則正しい食生活の習慣を身につけることが大切です。

❶ 幼児の心身の健康や日常生活及び発達状態の実態を把握し、乳幼児健康診査、保健指導、育児相談に役立てるための調査。これまでに昭和55年度、平成2年度、平成12年度と合わせ4回実施されている。

レッスン 2 子どもの食生活の現状と課題は？②

子どもは自分で食事を選べませんから、保育者がしっかりした知識をもたなければいけませんね。

幼いころに健康的な食事の習慣が身につくと、自然と知識がついてくるものです。

❶「日本人の食事摂取基準（2020年版）」の概要

　1日にどのくらいの栄養素をとればよいかは「日本人の食事摂取基準」❶に、性・年齢ごとに示されています。

　「日本人の食事摂取基準（2020年版）」では、健康の保持・増進、生活習慣病の発症予防および重症化予防、高齢者の低栄養予防、フレイル(健常状態と要介護状態の中間的な段階)予防を目的としています。

■エネルギーと栄養素の設定指標

エネルギー	推定エネルギー必要量	エネルギーの不足のリスク及び過剰のリスクの両者が最も小さくなる摂取量。
栄養素	推定平均必要量	その区分に属する人々の50%が必要量を満たすと推定される1日の摂取量で、必要量の平均値の推定値。
	推奨量	その区分に属する人々のほとんど(97～98%)が必要量を満たすと推定される1日の摂取量。
	目安量	推定平均必要量を算定するのに十分な科学的根拠が得られない場合に、その区分に属する人々がある一定の栄養状態を維持するのに十分な量。
	耐容上限量	健康障害をもたらすリスクがないと考えられる習慣的な摂取量の上限。これを超えて摂取すると、過剰摂取によって生じる潜在的な健康障害のリスクが高まる。
	目標量	生活習慣病の発症予防のために、現在の日本人が当面の目標とすべき摂取量または範囲。

❷ 推定エネルギー必要量とは何か

推定エネルギー必要量は、1日に必要なエネルギーのカロリー数（kcal）を性・年齢階級別に示したものです。「**基礎代謝量 × 身体活動レベル**」によって数値が算出されます。**基礎代謝量**とは、**生きていくのに最低限必要なエネルギー**のことです。**身体活動レベル**は、**6歳以上**では「レベルⅠ（低い）」「レベルⅡ（ふつう）」「レベルⅢ（高い）」の**3段階**に分けられています。たとえばスポーツをやっている人や、体を動かす仕事に就いている人などは、エネルギーを多く消費するからです。また、各栄養素の欠乏によって病気にかかる場合がありますが、とりすぎても病気につながります。栄養素について、耐容上限量が設けられているのはそのためです。

■「日本人の食事摂取基準（2020年版）」における
　0～7歳までの推定エネルギー必要量　　　　　　　　（kcal/日）

性別	男性			女性		
身体活動レベル	Ⅰ	Ⅱ	Ⅲ	Ⅰ	Ⅱ	Ⅲ
0～5（月）	－	550	－	－	500	－
6～8（月）	－	650	－	－	600	－
9～11（月）	－	700	－	－	650	－
1～2（歳）	－	950	－	－	900	－
3～5（歳）	－	1,300	－	－	1,250	－
6～7（歳）	1,350	1,550	1,750	1,250	1,450	1,650

ちなみに、20歳代の男性は2,300～3,050kcal、女性では1,700～2,300kcal程度になります。

女の子のほうが必要エネルギーが少ないんですね。私もダイエットをしようかしら。

近年、小児肥満が深刻化し、メタボリックシンドロームとの関連が問題視されています。肥満の代表的な原因は、甘いものやスナック菓子など偏ったエネルギー摂取の食生活、運動不足です。乳幼児期から**カウプ指数**、**ローレル指数**などを参考に、食事内容や運動量が適切であるかどうか、検討していくことが必要です。

❶ 厚生労働省が国民の健康の保持・増進などを図るために策定した基準。最新版である2020年版の使用期間は2020（令和2）年4月から2025（令和7）年3月までの5年間。

レッスン

③ 五大栄養素とは何か?

栄養についての知識は、保育士にとって必須なのですね。

はい。発達に関連して子どもに限らずおさえておきたい基本事項です。ここでは、五大栄養素の特徴と、それが体のなかでどんな働きをするかを学んでいきましょう。

❶ 五大栄養素の働き

栄養素には、①**糖質**、②**脂質**、③**たんぱく質**、④**ミネラル（無機質）**、⑤**ビタミン**があり、これらを**五大栄養素**といいます。そのなかで、さらに糖質、脂質、たんぱく質を**三大栄養素**といいます。これらは**体の構成成分となる**栄養素です。三大栄養素は食物を摂取できないときに備えて、脂肪のかたちで体内に蓄えられています。

糖質と食物繊維をあわせて**炭水化物**とよびます。なお、食物繊維にはエネルギー源となる働きはありません。

五大栄養素			主な働き	副次的な働き
五大栄養素	三大栄養素	糖質	エネルギー源となる	——
		脂質	エネルギー源となる	——
		たんぱく質	身体の組織を構成する	エネルギー源となる 身体の機能を調整する
	ミネラル		身体の組織を構成する	身体の機能を調整する
	ビタミン		身体の機能を調整する	——
水			身体の組織を構成する	身体の機能を調整する

❷ 糖質の働き

糖質は体内で**ブドウ糖、果糖、ガラクトース**などの**単糖類❶**に**分解**されます。小腸から吸収されたブドウ糖の一部は、**血糖**として体内各部に運ばれエ

ネルギー源となります。

　残りは血管を通って肝臓内に運ばれ、グリコーゲンに変えられた後、肝臓や筋肉に貯蔵されます。蓄えられたグリコーゲンは再びブドウ糖に分解され、血液中に放出されて血糖となります。

　血糖は、**全身の各組織で燃焼**します。そのときに発生する**体熱**が**エネルギー**を生み出し、**生命維持**や**生活活動**に使われます。過剰摂取された糖質は、たんぱく質や脂質と結びつき、皮下脂肪として体内に貯蔵されます。

❸ 脂質の働き

　脂質は、**1gあたり9kcalのエネルギー**を発生させます。糖質、たんぱく質が発生させるエネルギーは1gあたり4kcalですから、とても**高いエネルギー源**といえます。水を含んでいないためエネルギー密度が高く、体内エネルギー貯蔵に適しています。

　脂肪は水に溶けないので、消化管に分泌された胆汁酸が脂肪を乳化させ、消化しやすくします。乳化された脂肪は、**脂肪酸**と**モノグリセリド**に分解され、**腸壁から吸収**されます。吸収された一部は、血管を通って肝臓に運ばれ、**筋肉や皮下脂肪の脂肪組織**になります。

　リノール酸、リノレン酸、アラキドン酸、エイコサペンタエン酸、ドコサヘキサエン酸は、必要量が体内で合成されず、食物からとる必要があるので**必須脂肪酸**とよばれます。多くは天然の植物性の油や魚油に含まれています。生命維持や発育に必要で、欠乏すると小児の発育を遅らせる要因となります。

　一方で、脂肪は過剰にとると、**消化機能の障害**を起こす場合があります。また、動物性脂肪をとりすぎると、血管や組織にLDLコレステロールが蓄積され、脂質異常症や動脈硬化、高血圧などの誘因になります。動物性の脂、植物性の油、魚油などを**バランスよく**とることが大切です。

> 必須脂肪酸の「必須」っていうのは、体内では必要量を合成することができないから必ずとらなきゃ！という意味なんですよ。

❶ 糖質の最小単位。

子どもの食と栄養

❹ たんぱく質の働き

たんぱく質は、**人体の細胞や各組織の主成分**です。また、**酵素やホルモン、抗体**などの主成分でもあります。身体に含まれているたんぱく質のうち60%は筋肉、内臓、赤血球などの細胞内に存在し、残りの40%は血漿、骨、脂肪組織、肺などの細胞外にあります。身体のなかのたんぱく質はたえず合成される一方で分解・排泄され、常に入れ替わっています。

たんぱく質は体内でアミノ酸として消化吸収され、エネルギーを発生します。**三大栄養素はすべてエネルギー源となります**が、体内では**糖質→脂質→たんぱく質の順に利用**されます。つまり、糖質や脂質が不足したときに、たんぱく質がエネルギー源として利用されるわけです。たんぱく質は約20種類のアミノ酸から構成されています。このうち、**体内で生成できず、食物からとる必要があるもの**を**必須アミノ酸**といいます。それに対し、**体内で生成されるもの**を**非必須アミノ酸**といいます。

■9種類の必須アミノ酸

トリプトファン	メチオニン（＋システィン）	リジン
フェニルアラニン（＋チロシン）	ロイシン	イソロイシン
バリン	スレオニン	ヒスチジン

チロシンはフェニルアラニンから、システィンはメチオニンからつくられるので、9種類の必須アミノ酸には含まれません。

❺ ミネラル・ビタミンの働き

人体を構成する**ミネラル**は多数あるといわれていますが、「日本人の食事摂取基準（2020年版）」では、**13種類**の数値が発表されています。**身体機能の調整**など重要な役割を担っており、たとえば血液中のカルシウム不足は、成長阻害、骨や歯が弱くなるなどの原因につながります。

ビタミンは**体内の代謝を調節**し、**身体機能を正常に保つ働き**をします。多くは体内で生成できないため、食品から栄養素として摂取する必要があります。代表的なミネラル、ビタミンの特徴・役割は次のとおりです。

■主なミネラルの種類と特徴

カルシウム	●体内のカルシウムの99％は骨や歯に存在する。 ●1％は血液、体液、筋肉などに含まれる。血液中のカルシウムが不足すると、成長阻害、骨や歯が弱くなる、骨粗鬆症の原因になる。
リン	●主に、カルシウムと結合して骨や歯を形成する。 ●さまざまな食品に含まれており、不足することはほとんどない。
鉄	●不足すると赤血球が十分につくられず、鉄欠乏性貧血を起こす。
ナトリウムと塩素	●体液をアルカリ性に調整する。 ●筋肉の収縮や神経の刺激伝達の際に重要な働きをする。 ●汗を多くかいたり、嘔吐が続くときには食塩を多く必要とする。
カリウム	●野菜や果物に多く含まれる。欠乏すると筋力が低下し、疲れやすくなる。
マグネシウム	●筋肉の刺激性を高め、神経の興奮を抑える。 ●不足するとカルシウムの代謝異常や情緒不安定につながる。
亜鉛	●味を感じる組織の発育に必要で、不足すると味覚障害の原因になる。 ●たんぱく質の合成に関与する。
銅	●各種の酵素の構成成分。 ●骨髄に存在する銅は、ヘモグロビン生成の際に鉄の働きを助ける。

■ビタミンの働きと過剰症・欠乏症によって起こる病気

ビタミンA	働き／皮膚や粘膜の保護、抵抗力をつける。成長や発育を促進、光に対する目の働きを正常に保つ。 **欠乏症**／夜盲症、発育障害、皮膚や粘膜の角質化 **過剰症**／頭痛、吐き気、食欲不振、肝臓障害
ビタミンB$_1$	働き／糖質の代謝に関係が深い。胃液の分泌を高める。 **欠乏症**／脚気（足のしびれやむくみなど）、運動障害
ビタミンB$_2$	働き／栄養素の分解・エネルギー代謝に不可欠。成長の促進に必要。抗酸化作用がある。 **欠乏症**／口唇炎、口角炎、角膜の充血、結膜炎、皮膚炎、成長阻害
ビタミンC	働き／コラーゲン（結合組織の成分）の生成と維持に関与。抵抗力を高める。鉄の吸収率を高める。抗酸化作用がある。 **欠乏症**／皮下出血、骨折、壊血病
ビタミンD	働き／カルシウムやリンの吸収利用を助け、骨や歯の形成を促す。 **欠乏症**／成長期はくる病や発育障害。成人では骨粗鬆症、骨軟化症
ビタミンE	働き／脂質代謝を円滑にし、血液の循環を盛んにする。抗酸化作用がある。 **欠乏症**／動脈硬化、筋萎縮

体内でエネルギー発生時に生成される活性酸素が過剰になると、過酸化脂質（体のサビ）がつくられます。活性酸素の働きを抑えるのが「抗酸化作用」です。

子どもと栄養の食と

レッスン 4

6つの基礎食品とは何か？

前のレッスンで学習した栄養素の知識をもとに、このレッスンではそれがどのような食品に含まれているかをみていきましょう。

❶「6つの基礎食品」

「6つの基礎食品」は、中学・高校・保健所などの指導にも使われる最も**一般的な分類**です。食品に含まれる栄養素を、1〜6群に分類しています。

先生、これは学校の授業で勉強したことがあります！

糖質と食物繊維を合わせて「炭水化物」といいます。

食品に含まれる成分（栄養素）の平均値は、「日本食品標準成分表2020年版（八訂）」（文部科学省）にまとめられています。

❷ エネルギー源となる炭水化物・脂肪

炭水化物が豊富な食品には、**穀類**、**いも類**、**砂糖**、**菓子類**などがあります。「日本人の食事摂取基準（2020年版）」では、1歳以上の男女では、1日の総エネルギーに占める炭水化物の割合は、**50%以上65%未満**が目標量とされています。砂糖や菓子類を食べすぎると糖質が過剰になり、たんぱく質、ミネラル、ビタミンの不足を招きやすくなるので注意が必要です。

油脂の豊富な食品には、油脂類、種実類があります。**植物油**（オリーブ油、ごま油、大豆油、コーン油など）や魚油は、**コレステロールが過剰になりにくい**という特徴があります。**ごま**、**くるみ**、**落花生**などの種実類は、たんぱく質にも富んでいます。

❸ 身体の組織を構成するたんぱく質

たんぱく質が豊富な食品には、**大豆**、**乳類**、**肉類**、**魚介類**、**卵類**とそれらを使った製品などがあります。大豆製品は、鉄、カルシウムやビタミンB_1・B_2も多く、栄養価にすぐれています。

牛乳は鶏卵と並んで完全食品ともよばれます。人間にとって必要な栄養素のほとんどを含んでいるためです。

❹ ミネラルやビタミンを多く含む食品

ミネラルやビタミンの豊富な食品には、**野菜類**、**果実類**、**海藻類**、**きのこ類**などがあります。

野菜類は、緑黄色野菜と淡色野菜に分けられます。**緑黄色野菜**とは、にんじん、ほうれん草、かぼちゃ、小松菜など緑や赤みの濃い野菜で、ビタミンAの主要な供給源である**カロテンを豊富に含む**ものをいいます。淡色野菜は、カロテンをほとんど含まないその他の野菜です。

果実類は、**ビタミンCのすぐれた供給源**です。みかんやキウイフルーツ、りんごなどが代表的です。また、一般的にカリウムも豊富に含みます。

海藻類・きのこ類は**食物繊維が豊富**で、腸の働きを助けます。海藻類はヨウ素（ヨード）の貴重な供給源であるとともに、鉄、カリウム、カルシウムなどのミネラル源としても重要です。

食子
ども
と栄
の養

レッスン 5 乳幼児期の食生活で配慮すべきことは何か？

乳幼児の食生活は、大人とは違うのでしょうか。

子どもは、栄養素の消化・吸収が未熟です。栄養や調理のうえでは細やかな配慮が求められます。

❶ 乳児期の栄養と食生活

　乳児は**生後5〜6か月**くらいまでは、乳だけで栄養をとります。これを**乳汁栄養**または授乳栄養といいます。乳汁栄養には、**母乳栄養**、**人工栄養**、これらの両方を行う**混合栄養**の3種類があります。母乳は、初乳と成熟乳に分けられます。初乳は、**分娩後約1週間までの間に分泌される乳**のことです。酵素や**免疫性**に富み、乳児の**胎便❶**の排泄を促す作用もあります。成熟乳も、

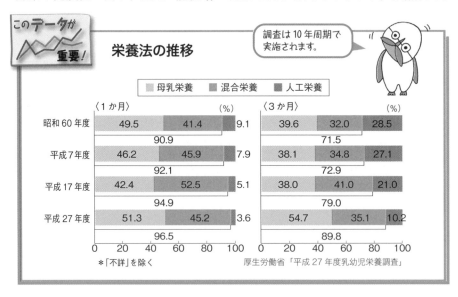

このデータが重要！

栄養法の推移

調査は10年周期で実施されます。

■ 母乳栄養　■ 混合栄養　■ 人工栄養

〈1か月〉 (%)

	母乳栄養	混合栄養	人工栄養
昭和60年度	49.5	41.4	9.1
		90.9	
平成7年度	46.2	45.9	7.9
		92.1	
平成17年度	42.4	52.5	5.1
		94.9	
平成27年度	51.3	45.2	3.6
		96.5	

〈3か月〉 (%)

	母乳栄養	混合栄養	人工栄養
昭和60年度	39.6	32.0	28.5
		71.5	
平成7年度	38.1	34.8	27.1
		72.9	
平成17年度	38.0	41.0	21.0
		79.0	
平成27年度	54.7	35.1	10.2
		89.8	

＊「不詳」を除く　　　　厚生労働省「平成27年度乳幼児栄養調査」

初乳よりは低いものの免疫性があり、乳児に必要な栄養素をバランスよく含んでいます。母乳栄養が与えられないときに、**代替品で乳児に栄養をとらせる**ことを**人工栄養**といいます。より母乳の組成に近づけた**調製粉乳**が広く利用されています。**混合栄養**は、**母乳の不足を人工栄養で補う**ことです。乳汁栄養のなかでは母乳が最も栄養価がすぐれており、乳児にとっても母親にとっても理想的な栄養法であるといえます。

② 乳汁から離乳食へ

生後5、6か月ごろには乳汁のみから、半固形食（離乳食）を経て、徐々に固形食の形態に移行していきます。つぶしたおかゆ（米）から始め、慣れてきたらすりつぶした野菜、さらに慣れたらつぶした豆腐・白身魚・固ゆでの卵黄なども取り入れていきます。離乳の完了は、生後12〜18か月ごろまでを目安とします。

③ 幼児期の食生活における留意点は？

幼児期は、**食事を通して正しい生活習慣を形成**する重要な時期です。

また、**身体的に発育して運動量が増える**ため、体重1kgあたりのエネルギーや栄養素の必要量を考えて与えることが必要です。

しかし、幼児は胃が小さく、**消化・吸収機能も未熟**です。3度の食事だけでは十分に栄養素を摂取することが難しいため、**間食で補う**ことが必要となります。代謝が激しい時期なので、水分補給を含め間食は欠かせません。

3歳未満児は1日**5回食**（間食2回）、3歳以上児は1日**4回食**（間食1回）とします。その際、3度の食事を十分にとれるよう、間食の量や時間を考慮します。食事との間隔は2〜3時間とし、時間を決めて与えます。

④ 幼児期の食生活上の問題点とその対応

幼児期は自我の発達にともない、嗜好が確立される時期でもあります。食べ物の好き嫌いが芽生え、食欲のむらも多くなります。無理強いせず、幼児の意思表示を重視しながら改善していくことが大切です。食べたらほめ、食事中はなごやかで楽しい雰囲気づくりを心がけるようにします。

❶ 乳児の出生直後の便のこと。

レッスン

6 食育とは何か？

「保育所保育指針」2008（平成20）年の改定で初めて盛り込まれた「食育」は、教育に携わるすべての者にとって必須項目です。

❶「食育基本法」とは？

近年わが国では、肥満や過度のダイエットによるやせすぎ、生活習慣病の増加などのさまざまな問題が生じています。これらの問題を国や社会全体の問題ととらえ、食育を推進していこうと2005（平成17）年に制定されたのが「**食育基本法**」です。

条文に チャレンジ!!

「食育基本法」

第1条　この法律は、近年における国民の食生活をめぐる環境の変化に伴い、国民が生涯にわたって健全な心身を培い、豊かな人間性をはぐくむための食育を推進することが緊要な課題となっていることにかんがみ、食育に関し、基本理念を定め、及び国、地方公共団体等の責務を明らかにするとともに、食育に関する施策の基本となる事項を定めることにより、食育に関する施策を総合的かつ計画的に推進し、もって現在及び将来にわたる健康で文化的な国民の生活と豊かで活力ある社会の実現に寄与することを目的とする。

この条文では、豊かな人間性を育むためには「食」が重要であること、国の基本方針に基づいて、都道府県や市町村は、その地域における食育を推進していくことを示しています。

「食育基本法」の前文における**食育の定義**は以下のとおりです。

①**生きる上での基本**であって、知育、徳育及び体育の基礎となるべきもの。

②様々な経験を通じて「食」に関する**知識**と「食」を**選択する力**を習得し、**健全な食生活を実践**することができる人間を育てる。

❷ 保育所における食育の目標

「食育基本法」に先だって、2004（平成16）年に厚生労働省から通知された「楽しく食べる子どもに～保育所における食育に関する指針～」（以下「食育指針」）では、食育を保育の一環として位置づけています。施設長のもと、保育士、調理員、栄養士、看護師などの全職員が協力し、創意工夫のもとに食育を推進していくことが求められます。

「食育指針」では、食と子どもの発達を結びつけた観点から、**食育の5項目**を以下のように設けています。

 食育の5項目

食に対する正しい知識をもつことが大切なんですね。

❶ **食と健康**：食を通じて、健康な心と身体を育て、自ら**健康で安全な生活をつくり出す力**を養う。

❷ **食と人間関係**：食を通じて、他の人々と親しみ支え合うために、自立心を育て、**人とかかわる力**を養う。

❸ **食と文化**：食を通じて、人々が築き、継承してきた様々な**文化を理解**し、つくり出す力を養う。

❹ **いのちの育ちと食**：食を通じて、自らも含めたすべての**いのちを大切**にする力を養う。

❺ **料理と食**：食を通じて、**素材**に目を向け、素材にかかわり、素材を調理することに関心を持つ力を養う。

地域の特性を生かし、**地域の特産品**を使った料理、昔から伝わる**郷土料理**などを取り入れることも重要です。生産者への感謝の気持ち、食材を大切にする気持ち、食文化への関心が育まれ、それらはまた食事を楽しむことにもつながります。

❸ 食育のための環境

　自然の恵みである食材や、調理をする人への**感謝の気持ち**が育つには、それらを一方的に教えるのではなく、子どもが自らの感覚や体験を通して感じることが大切です。そのためには、子どもと調理員との関わりや、調理室など食に関わる保育環境に配慮するべきです。

　子どもの発達に応じて、食材である野菜がどのように育っているのか、**地域の農業従事者とふれ合ったり**、保育所で**栽培**を行ったりすることによって、食と命の関わりを実感できるでしょう。食事をする部屋は、情緒の安定のためにも、親しみとくつろぎの場となるよう、**採光**やテーブル・いす・食器などにも配慮します。子ども同士、保育士や栄養士・調理員など、また保護者や地域の人々などと**一緒に食べたり**、**食事をつくったりする**なかで、子どもが人と関わる力を育てることも、食育のねらいの１つです。

> お皿を用意するなど、配膳（はいぜん）に参加するだけでも意義があるのです。

❹ 食育の目標としての子ども像

　「食育指針」では、食育の目標として実現したい子ども像を次のように掲げています。
- **お腹がすくリズム**のもてる子ども
- 食べたいもの、好きなものが増える子ども
- **一緒**に食べたい人がいる子ども
- **食事づくり、準備**にかかわる子ども
- 食べものを話題にする子ども

　保育士はこのようなイメージをもって食事の提供や食育計画作成を行い、目標が達成されているかどうかの評価、及び改善点の検討を行うことが求められます。

❺ 食を通した保護者への支援

　家庭と連携・協力して食育を進めていくことも、保育所の義務です。送迎

時や連絡帳で、保育所での食事のようすを伝えることは、**家庭での食への関心**を高めていくことにつながります。特に食の細い子ども、好き嫌いの多い子どもに関しては、保育所でのようすを伝えることが、保護者の安心、食育への意識向上に結びつくでしょう。家庭からの食生活に関する相談に応じたり、アドバイスや支援を行う機会を積極的にもつことも望まれます。

　保育所の**日々の食育への取り組み**を、プリントなどを使って伝える方法もあります。ときには**保護者が参加できる場**を計画してもよいでしょう。保育参観に給食やおやつを組み込む、親子での**行事食**づくりなどが考えられます。また、懇談会などを通して、保護者同士の交流を図るなかで、家庭での食育の実践がより意欲的になる効果も期待できます。

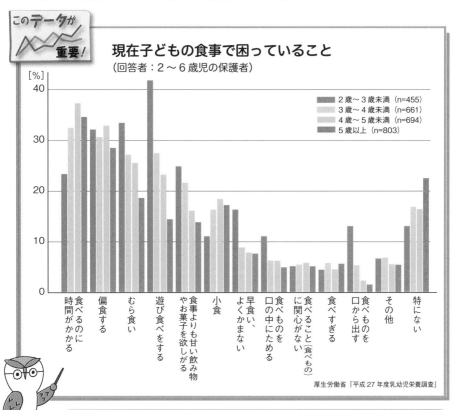

このデータが重要！

現在子どもの食事で困っていること
（回答者：2〜6歳児の保護者）

凡例：
- 2歳〜3歳未満 (n=455)
- 3歳〜4歳未満 (n=661)
- 4歳〜5歳未満 (n=694)
- 5歳以上　(n=803)

横軸項目：食べるのに時間がかかる／偏食する／むら食い／遊び食べをする／食事よりも甘い飲み物やお菓子を欲しがる／小食／早食い、よくかまない／食べものを口の中にためる／食べること（食べもの）に関心がない／食べすぎる／食べものを口から出す／その他／特にない

厚生労働省「平成27年度乳幼児栄養調査」

2〜3歳未満では「遊び食べ」、3歳以上では「時間がかかる」が多く見られます。全体でみても多くの保護者が食事についての困りごとを抱えていることがわかります。

子どもの食と栄養

レッスン
7

児童福祉施設における
食事とは？①

児童福祉施設での食事のポイントについて
理解しましょう。多くの子どもたちが生活す
る場では、教育や指導の観点も重要です。

集団生活ならではの、特徴や注
意点があるわけなのですね。

❶ 入所型施設の食生活

　児童福祉施設の種類とその性格は多岐にわたり、入所している子どもの状態もさまざまです。児童養護施設、障害児入所施設のような、**入所型施設❶**の特性を知っておきましょう。

　児童養護施設には、**保護者のいない児童や虐待された経験のある児童、身体の虚弱な児童**が入所しています。欲求不満や情緒不安定の状態にあることが多く、温かな家庭の雰囲気を知らない児童も多くいます。このような事情に配慮し、食生活面では、栄養の問題を正すとともに、なごやかな雰囲気のなかで食事に対する興味をもたせることが必要です。望ましい食習慣を身につけさせるとともに、しつけの行き届いた適切な日常生活が送れるよう指導していきます。

　慢性的な病気のある**児童**に対しては、それぞれの状態に合わせた栄養指導や調理を行い、**心身両面での健全な発育を図る**ようにします。

　障害児入所施設は、重症心身障害児や知的障害児が入所し、日常生活や自活に必要な能力を身につける施設です。障害の程度や部位、行動などの個人差が大きく、食事面においても拒食や**偏食**に陥りやすいため、**少量でもバランスのとれた質のよい食事**を提供することが望まれます。

❷ 保育所における食生活

　児童福祉施設の1つである保育所では保育時間が長いため、昼食だけでなく間食も与えます。一般的には**午前の間食**（3歳未満児のみ）、**昼食、午後の間食**を提供していますが、延長保育や夜間保育ではこれらに加えて夕食を提供する場合もあります。

　保育所における食事の利点としては、同じものを仲間で食べることで、子ども同士の親近感が育つということがあげられます。食事のマナーを身につける場としても有益です。また、家庭とは異なるメニューに出合うことは、**偏食を直す**きっかけや、**栄養バランスの改善**にもつながります。

チェックポイント 食事提供の心がけ

1人あたりの量を適正に

盛りつけを美しく

適温配食

❸ 集団調理施設における衛生管理

　児童福祉施設における食事は、**集団調理**の形態がとられています。集団調理の場合、**感染症**や**食中毒**が発生した場合には多くの子どもに影響を及ぼすため、調理・配食には以下のような注意が必要です。

●手洗い
●職員の衛生教育を徹底する。定期的に細菌検査を行う
●調理にあたる者の身支度や手指の清潔
●調理機器や器具の消毒・加熱
●調理の際には十分に加熱し、調理後はできるだけ早い時間に食べる
●水質検査
●ネズミや害虫への対策、駆除

子どもの食と栄養

レッスン 8

児童福祉施設における食事とは？②

集団生活だからこそできる、食の体験があるのだとわかってきました。

日々いろいろなものを食べたり、声かけをして食べさせたりすることも食育の一環なのです。

❶ 食事の提供と食育の一体的な取り組み

児童福祉施設の食事においては子どもの健やかな発育・発達を目指すことを第一義とし、**心と身体の健康**の確保、**豊かな食体験**の確保、**安全・安心な食事の確保**、**食生活の自立支援**が要点となります。

保育士は食事の提供と食育を一体的な取り組みとしながら、栄養管理をする必要があります。以下の具体例には、その考え方が含まれています。

食事の提供と食育の一体化

● 地域のさまざまな食文化に関心をもつことができるよう、食事内容や行事などの内容にも配慮する。

● **乳汁の与え方**
集団においても、個々の状態に応じた授乳の時刻、回数、量、温度に配慮する。やさしく声かけを行う。

● **幼児期の食事**
子どもの歯の発達、咀しゃくや嚥下の機能の状態に応じて、食品の種類、量、大きさ、硬さ、食具などを配慮する。

❷ 調理実習（体験）における留意点

　子どもの「食」に対する積極的な関心を育てるためには、調理実習を取り入れることも有益です。食材への感謝、調理の知識、食材を扱うときの衛生観念、仲間と協力する社会性の育ち、自立的な喜び、食事の重要性を感じ取るなど、多くの発達につながる経験が期待できます。調理実習にあたっては、十分な計画が必要です。

事前	●献立は、衛生管理の観点から**十分な加熱**を基本とする
	●子どもが行う作業は、**年齢・能力**に合わせたものに
	●**食物アレルギー**のある子どもの献立についても考慮する
	●職員に対して、実習内容、手順、留意点について確認する
	●子どもに対して、衛生面の**指導**（手洗い、爪切り）
	●保護者に対して、準備（爪切り、服装など）と児童の健康状態についての連絡を依頼
当日	●体調不良、下痢、手指に傷のある子どもの状態を確認
	●作業場所の衛生状態を確認。使用器具、作業台の**洗浄・消毒**
	●**清潔な服装**に、**エプロン・三角巾**などの着用を確認。**手洗い、消毒**を実施
	●調理中も衛生管理を確認
事後	●調理済みの食品は速やかに食べ、残ったものは処分
	●レシピを知らせるなど、保護者が家庭でも実践できる**情報提供**を行う
	●実施した計画についての記録をとり、**今後の安全・衛生管理に反映**させる

❸ 栄養教育

　調理実習や栽培・収穫、行事といった特別な活動以外にも、栄養・食生活指導にはさまざまな方法が考えられます。

　たとえば、パネルシアター、ペープサート、紙芝居などは活用しやすい媒体です。パンはどうやってできるのか、野菜はどうやって育つのかといったテーマ、あるいは調理実習の事前指導を行う際にも視覚化して伝えることができ、適しています。

　食材や栄養の初歩的な知識、食事の習慣やマナーについて楽しい雰囲気のポスターをつくり、食事をする部屋などに貼っておくのもよいでしょう。

子どもの
食と栄養

191

レッスン
9 特別な配慮が必要な子どもに対する栄養指導とは？①

幼い子どもを預かる保育所では、一人ひとりの状態を把握し、目配りをすることが基本です。慢性的な病気やアレルギーを抱えているなど、日ごろから食事に特別な配慮が必要な子どもに対しての知識を備えておきましょう。

❶ 食事療法が必要な子ども

保育所には、**慢性的な病気**を抱えた子どもも入所します。保育所は医師の指示に従い、それぞれの状態に応じた食事を提供することが必要となります。

まず、食事療法の必要な主な病気と、それぞれの留意点についておさえましょう。**食事療法**は、病気の進行をおさえ、症状を改善していくために行われます。

❷ 急性腎炎

急性腎炎は、幼児が発症しやすい病気の１つです。腎臓病ではたんぱく尿、血尿、浮腫（むくみ）、血圧上昇などがみられます。食事療法では、**たんぱく質の摂取を制限**します。また、ナトリウムが体内に蓄積されると浮腫や血圧上昇の原因となるため、**塩分の摂取も制限**します。ただし、治癒の段階によって**制限が異なる**ので、医師の指示に従うことが必要です。

❸ 糖尿病

糖尿病は血糖値が異常にあがり、全身にさまざまな障害が起こる病気です。のどが渇き、尿の回数が多くなります。疲れやすく、空腹感があるのも特徴です。**インスリンの供給異常**による１型糖尿病と、主に**インスリンの消費異常**による２型糖尿病に分けられます。インスリンとは、膵臓から分泌される

ホルモンで、血糖値の恒常性を保つ重要な役割をもっています。

治療の基本は、食事療法、運動療法、薬物療法で、1型ではインスリン注射が必要になります。1型の場合、健常児とほぼ同じエネルギー量が必要ですが、2型で肥満度20％以上の場合、健常児の80％程度の**エネルギー制限**を行います。

❹ 食物アレルギー

アレルゲン（アレルギーの原因物質）には、食品、ダニ、ハウスダスト、花粉などがあります。このうち、食物に対しての反応を、食物アレルギーとよびます。食物アレルギーの反応は消化器（**腹痛**、**嘔吐**、**下痢**）、皮膚（**かゆみ**、**じんましん**、**アトピー性皮膚炎**など）、呼吸器（**喘息**、**ショック症状**）など全身の臓器や組織に現れます。

三大アレルゲンとよばれる**鶏卵**、**牛乳**、**小麦**を筆頭に、アレルゲンは多岐にわたります。そば、大豆、落花生、くるみ、えび、かに、その他果物や魚介類、肉類など日常的に摂取するものである場合が多いといえます。

食物アレルギーのある子どもに対しては、**専門医やかかりつけ医の指導に基づいて食事を提供**することが必要です。「保育所保育指針解説」では、「医師との連携、協力に当たっては、生活管理指導表❶を用いることが必須である」としています。さらに、日常の食事では、**アレルゲンを排除**した「**除去食**」を用意することが基本となります。一方で、その子どもが食事のときに疎外感を味わうことのないような配慮も大切です。

チェックポイント 病気やアレルギーを抱えている子どもへの対応

保育所職員　保護者　主治医　緊急対応医療機関

連携が必要

緊急連絡先や対処法などについて、保護者との確認事項をまとめておく。

❶ アレルギーと診断された、特別な配慮や管理が必要な子どもの情報を1年に1回主治医などが記入し、保育所に提出するもの。

レッスン10 特別な配慮が必要な子どもに対する栄養指導とは？②

次は、運動機能の発達に障害のある子どもの食生活について、理解しましょう。介助するだけではなく、日々の心がけで、遅れている機能の発達を促すこともできるのですよ。

❶ 障害のある子どもの食生活の特徴

　重い障害のある子どもは、ものを食べる一連の機能（**摂食機能**）に遅れや障害がみられることがあります。

　ものを食べる機能は、次の3段階に分かれます。

❶捕食…口に食べ物を取り込む。

❷咀しゃく…取り込んだ食べ物をすりつぶして、**唾液**と混ぜて飲み込みやすい形にする。

❸嚥下…**呼吸運動と協調して、舌を使い食塊を口腔から咽頭へ送る。**

　食べ物を飲み込む動作ができない状態を、摂食機能異常といいます。摂食機能異常がある子どもの場合、どの段階まで摂食機能が発達しているかを把握し、それに応じて調理形態を選択して、消化・吸収しやすくなるように配慮します。一律にすりつぶしてしまうことが、よいわけではありません。同じ食べ物でも大きさや硬さ、舌ざわりなどを変化させたものを口にすることで、機能の発達を促すことができるためです。

呼吸運動という言葉が出てきましたね。私たちは食べ物を飲み込む前には一瞬息を止め、飲み下した後には小さく息を吐いているのですよ。

噛んで飲み込むという動作は、とても複雑な動きが組み合わさっているのですね。

② そのほかの摂食時の問題点

　そのほか、摂食時には以下のような点に気をつけます。

　「むせ」は誤嚥の危険性があるサインです。誤嚥とは、**食べ物や水分が食道ではなく気管に流れ込んでしまう**ことです。また、不随意運動（自分の意思で動かせない）のために**舌が前方に出たままになる「舌突出」**がある場合は、スプーンで与えた飲食物がこぼれないように、唇をやさしく閉じる介助が必要です。しかし、トレーニングにより、少しずつくせをなくしていくことは可能です。子どもが自立して食事ができるようになるために、調理形態、感覚や運動を体験学習するための介助の工夫を進めることが大切です。

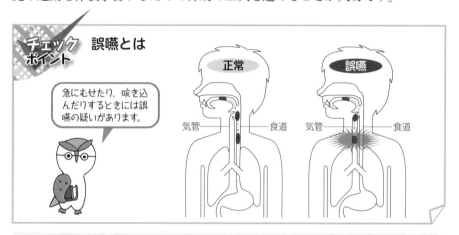

チェックポイント　誤嚥とは

急にむせたり、咳き込んだりするときには誤嚥の疑いがあります。

正常　誤嚥

気管　食道　気管　食道

③ 必要な栄養量

　障害のある子どもの場合、必要な栄養量は障害の状況や運動量によって異なります。**自分で歩けない子ども**の場合は、**基礎代謝量**だけで十分です。**多動な子ども、筋肉の緊張が強い子どもでは、必要量が増加**します。

　麻痺や筋緊張がある場合、たんぱく質の消費が上昇したり、また身体活動の低下によりたんぱく質の消化・吸収が低下することがあります。その場合、**食事摂取基準**より 10 〜 20％付加して対応する必要があるのです。**重い障害があって摂食機能異常をともなう場合は、高エネルギー・高たんぱく質**の食事内容が望まれます。食事量が減る傾向になりやすく、エネルギーやたんぱく質が不足しがちになるのを防ぐためです。

子どもと栄養の

ハリきって トライ！

該当レッスン

○×問題・穴うめ問題

1

穴うめ ❶ 食事を一人で食べることを（ A ）、家族それぞれが別々の料理を食べることを（ B ）という。

3

穴うめ ❷ 炭水化物には、ヒトの消化酵素で消化されやすい（ A ）と消化されにくい（ B ）がある。

○× ❸ 鉄の過剰症として、貧血があげられる。

4

○× ❹ 6つの基礎食品のうち、「4群 ビタミンC」の主な働きは、エネルギー源となることである。

○× ❺ 大豆、乳類、肉類、魚介類、卵類とそれらを使った製品は、たんぱく質が豊富な食品である。

5

穴うめ ❻ 乳汁栄養には、「（ A ）」と「（ B ）」、これらの両方を行う「（ C ）」の3種類がある。

6

○× ❼ 「平成27年度乳幼児栄養調査」によると、「遊び食べ」をする子どもは、年齢が高くなるにつれて減少する。

穴うめ ❽ 「食育基本法」の前文では、「子どもたちに対する（ A ）は、心身の成長及び人格の形成に大きな影響を及ぼし、生涯にわたって健全な（ B ）と身体を培い豊かな人間性をはぐくんでいく基礎となるものである」と規定されている。

7

○× ❾ 障害児は、障害の程度や部位、行動などの個人差が大きいため、食事面においては拒食や偏食に陥りにくい。

9

○× ❿ 鶏卵アレルギーは卵黄のアレルゲンが主原因である。

穴うめ ⓫ 食物アレルギーのある子どもに対しては、アレルゲンを除いた「（ A ）」を用意する。

10

穴うめ ⓬ 食べ物や水分が食道ではなく気管に流れ込んでしまうことを（ A ）という。

━━━━━━━━━━━ 答え ━━━━━━━━━━━

❶（A）孤食（B）個食　❷（A）糖質（B）食物繊維　❸ × 鉄が不足すると貧血になる
❹ × 身体の機能を調整することである　❺○　❻（A）母乳栄養（B）人工栄養（順不同）（C）混合栄養　❼○　❽（A）食育（B）心　❾ × 食事面においては拒食や偏食に陥りやすい
❿ × 卵白のアレルゲンが主原因　⓫（A）除去食　⓬（A）誤嚥

第 **9** 章

保育
実習理論

レッスン 1 保育所保育の実際とは？①

> 保育実習理論とは、どんな科目なのでしょうか。

> 保育所保育での目標や方法、表現に関することを学び、実践的な力をつけるための科目です。

❶ 保育実習理論とは何か？

「**保育実習理論**」は、保育の具体的な活動方法を学び、それらを**保育の現場で生かすための科目**です。

保育に関する科目全体の知識を基礎とし、子どもの保育及び保護者への支援について総合的に理解し、**実践する応用力**を身につけます。蓄えた知識を保育現場でどのように展開できるかは、保育目標の達成を左右するものであり、保育士の資質と力量が問われます。「保育所保育指針」にある保育のねらいや内容、保育士の職業倫理などを理解したうえで、保育計画の考え方を身につけることも大切です。

> 発達過程については第6章、保育のねらい及び内容については第1章で学習しましたね。

❷ 全体的な計画とは何か？

全体的な計画は、子どもの**発達過程**を踏まえ、保育所生活の全体を通して総合的に展開されるよう作成されます。そのため、**全体的な計画はほかの計画よりも上位に位置する**計画と位置づけられています。乳幼児期の発育・発達の過程を基盤に、家庭や地域など多様な側面に目を向けながら、各保育所の指針に沿って入所しているすべての児童の生活を計画することが必要です。

❸ 指導計画とは何か？

指導計画は、**全体的な計画に基づいて**、保育目標や保育指針を**具体化する実践的な計画**です。指導計画では、子どもの発達を見通した**年・期・月**などの長期的な指導計画と、それに関連しながらより**具体的な子どもの生活**に即した**週・日**などの短期的な指導計画を作成します。

■指導計画の種類

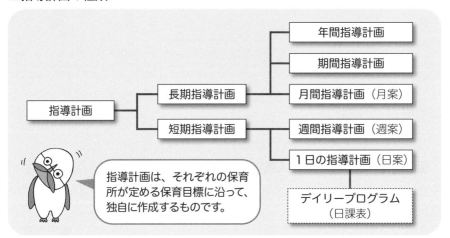

指導計画は、それぞれの保育所が定める保育目標に沿って、独自に作成するものです。

指導計画を立てる際は、子どもの遊びを中心に創作活動を主とすること、また、生活訓練や健康指導など家庭生活を補充するという視点も重要です。保育環境を有効に利用し、自然観察や社会観察などの**園外保育**も必須項目です。**経済的に無理のない保育材料**を用意すること、**保育士の能力の範囲**を考慮するなど、実現可能な計画づくりが求められます。

❹ 保育の計画作成から評価まで

作成した計画に基づいて保育を実践し、その実践を評価、改善に結びつけていきます。この一連の流れは **PDCA サイクル**ともいいます。

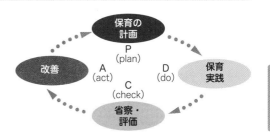

レッスン 2 保育所保育の実際とは？②

指導計画をつくるには、いろいろな視点の要素が必要なのですね。

第1章で学んだように、養護と教育を一体化することが大切です。保育を行ううえでの代表的な方法について理解しましょう。

❶ 保育の方法

保育の方法は大きく分けて、**集団保育**と**個別保育**に分類されます。

個別保育は、子どもの**個人差に配慮した保育方法**で、保育士と個々の子どもの結びつきを深めることができます。**3歳未満児**では個別保育が基本となります。

3歳以上児では、特別に健康状態の観察が必要な場合以外は、**集団保育**が基本です。子どもは、集団のなかで社会性の発達が促され、ルールを守ったり、相手の気持ちがわかるようになったりしていきます。集団保育には、主に以下の方法があります。

❶年齢別クラス編成…**同じ年齢の子ども**でクラスを編成します。

❷異年齢保育…**異なる年齢の子ども**でクラスを編成します。大きい子どもが小さい子どもの世話をする、年齢の小さい子どもが大きい子どものよい行動を真似るなどのメリットがあります。

❸混合保育…異年齢保育と同様、異なる年齢の子どもでクラスを編成します。保育士の数や保育室の数、子どもの数により**通常のクラス編成が行えない場合、臨時的にとられる**方法です。

❹グループ保育…気の合う友だち同士、保育士が意図的につくったグループなど、**グループ単位**で保育を行う方法です。

❷ 保育の形態

　保育所では、保育のねらいや子どもの活動の実態、生活の流れなどに応じて**保育形態を選択**し、その実情に対応させることが必要となります。保育の形態には、主に以下のものがあります。

❶ 自由保育…子どもが、**好きな場所で好きな活動**を行います。**自由遊び**ともよばれます。

❷ 一斉保育…子どもたちが集団で、一斉に**同じ活動**を行います。

❸ 設定保育…保育士が一定の指導目標をもって子どもの活動を計画します。

❹ コーナー保育…保育士が設定した絵本、ままごとなど**さまざまなコーナーを子どもが主体的に選択**し、生活や遊びを楽しむ形態です。

❸ 日々の保育を顧みる

　指導計画は、保育士が一方的に子どもに活動をさせるための計画ではなく、子どもと保育士の相互作用のなかでつくっていくものです。

　そのためには、子どもの実態を把握するうえで「〜ができる・できない」「〜の遊びをしている」といった目に見えることだけではなく、育っている、育とうとしている子どもの心情、意欲や態度を理解することが大切です。

チェックポイント　子どもの実態を把握する視点

生活への取り組み　　　　人間関係　　　　遊びへの取り組み

レッスン3 入所施設における保育とはどのようなものか?

児童養護施設、障害児のための施設など、保育所以外の児童福祉施設での援助についても、理解が必要です。入所施設についてはほかの章でもふれていますので、読み返してみてください。

❶ 児童養護施設における養護

　児童養護施設への入所の理由は、父または母の精神障害、父母の離別、行方不明、養育意思の欠如、また**家庭が崩壊**したケース、**虐待を受けた**ケースなどさまざまです。家族関係や生活環境に何らかの問題を抱え、生活態度や行動に問題のある、養護を必要とする児童に対する援助が重要になってきます。児童養護施設での養護内容は、次のように定められています。

 条文にチャレンジ!! 「児童福祉施設の設備及び運営に関する基準」

第44条　児童養護施設における養護は、児童に対して安定した生活環境を整えるとともに、生活指導、学習指導、職業指導及び家庭環境の調整を行いつつ児童を養育することにより、児童の心身の健やかな成長とその自立を支援することを目的として行わなければならない。

日常生活を通して子どもの心身の安定、健全な成長・発達を促進するとともに、家族関係、親子関係の調整を図ることも欠かせません。この場合、病院や社会福祉の関係機関などと連携することも必要です。また、児童養護施設に入所してくる子どもには、学力の低下がみられるケースも少なくないため、学習指導も重要になります。

② 主として知的障害のある児童を入所させる施設における養護

主として知的障害のある児童を入所させる施設での具体的な養護内容は、**日常生活の指導・援助**です。起床、洗面、排泄(はいせつ)、衣服の着脱、食事、遊び、就寝などの日常生活を通して、**基本的生活習慣**を身につけさせます。温かい家庭的雰囲気のなかで、個人として自立・自活していくための学習や課題設定に対する姿勢を高めていきます。反復指導・訓練により、**精神的・身体的自立**を獲得することが目標です。

③ 主として肢体不自由のある児童を入所させる施設における療育

肢体の障害にともなう手足の不自由さ、体幹の機能障害による移動や活動の不自由さがあるため、**ADL（日常生活動作）**の訓練を、**生活活動**を通して行います。病院の機能をもつ施設では、必要に応じて整形外科的治療も行われます。養護にあたる児童指導員や保育士と看護師が中心になって日常生活養護を図るとともに、医師、理学療法士、作業療法士などの専門職員によるリハビリテーション活動が日常療育プログラムに加えられています。また、学校教育も並行して行われます。

保育士には、遊びの専門職として、**機能訓練と遊びを統合**することが求められます。日課に沿った日常の生活指導のほかに、乳幼児の遊びの指導、学齢児のレクリエーション指導、行事などを担当します。

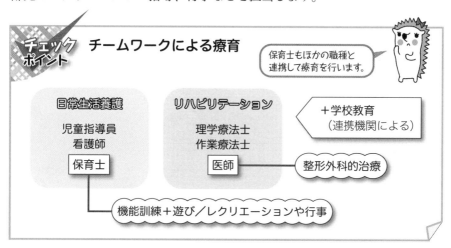

チェックポイント　チームワークによる療育

保育士もほかの職種と連携して療育を行います。

日常生活養護	リハビリテーション
児童指導員 看護師	理学療法士 作業療法士
保育士	医師

＋学校教育（連携機関による）

整形外科的治療

機能訓練＋遊び／レクリエーションや行事

4 子どもと音楽 ①

子どもの情緒を育てるうえで欠かせないのが音楽です。これからレッスン6まで、子どもと音楽との関わり、指導するときの留意点などをみていきましょう。

❶ 音楽のねらいと内容

音楽の楽しみは子どもにとって本能的なものであるといえます。よい音楽は、子どもの**情緒**を豊かにし、**創造力**を伸ばし、**人間性**を養います。大切なのは、**音楽に親しみ、楽しむ**ことです。保育士と一緒に歌ったり、手遊びをしたり、リズムに合わせて身体を動かしたり、友だちと一緒に踊ったりする楽しさを味わいます。

音楽でねらいとするのは、必ずしも歌や手遊びを正確に行うことではありません。音楽にふれながら、自分が感じ取ったイメージを動きや言葉などで

チェックポイント　音楽を楽しむ

♪ささのは さーらさらー

せっせっせーの よいよいよい

行事に合った歌

リズムに乗って身体を動かす

手遊び歌

自由に表現したり、演じて遊んだりする要素も必要です。

❷ 実技指導の留意点

　保育士は、子どもにとって心地よい音楽、楽しめるような音楽との出合いを大切にしていかなければなりません。聴覚の敏感な幼い子どもたちに、どのような音や音楽的環境を与えたらよいのかを、子どもの状態や発達過程に応じて考えていくことが必要です。

　楽曲については、歌詞は子どもが理解しやすく、**子どもの生活に即した明るく楽しいもの**を選びます。リズムは難しすぎず、**テンポのよいもの**が適しています。また、幼児にとって無理のない音域の曲を選ぶ必要があります。

❸ 覚えておきたい専門用語

- ◉ **オイリュトミー**…ドイツの**シュタイナー**が考案した表現方法で、音楽を用い、身体を使ってさまざまに表現します。
- ◉ **ソルフェージュ**…楽譜を読んだり、和音やメロディーを聴き取ってノートに書いたり、歌ったりすることを、ソルフェージュといいます。
- ◉ **マーチ（行進曲）**…2拍子の曲が多いですが、4拍子の場合もあります。
- ◉ **メヌエット**…舞曲の一種で、**3拍子**の曲です。フランスの宮廷で貴族階級の踊りとして発展したため、ゆっくりとした曲が多いのが特徴です。
- ◉ **リトミック**…スイスの**ダルクローズ**が考案した方法で、即興演奏などを用いた身体表現が基本です。音楽を用いた身体表現という点は、オイリュトミーと共通しています。
- ◉ **わらべうた**…わが国の**伝承童謡**です。ほとんどの曲が音階の4番目と7番目の音がない「ドレミソラ」で構成されています。
- ◉ **ワルツ**…舞曲の一種で、円舞曲ともよばれています。**3拍子**の曲です。ゆっくりとした曲と速い曲があり、速い曲はウィンナ・ワルツとよばれます。

わらべうたには、手遊び歌や、「はないちもんめ」「とおりゃんせ」など集団で遊ぶ歌、「ぼうが一本あったとさ」のような絵かき歌などがあります。

レッスン 5 子どもと音楽 ②

楽譜を読んで演奏するための、基礎的な知識を身につけましょう。鍵盤楽器、またはパソコンやスマートフォンなどで音を確認しながら読むと理解がしやすいですよ。

❶ 鍵盤と音

楽譜の左端にある 𝄞 を**ト音記号**（高音部記号）、𝄢 を**ヘ音記号**（低音部記号）といいます。

ト音記号は主に歌うときの主旋律やピアノやオルガンで演奏するときに、主に右手で弾くパートを示すときに使われる。

ヘ音記号は、主に左手の伴奏を示すときに使われる。

ピアノやオルガンの鍵盤は**左にいくほど低い音**になり、**右にいくほど高い音**になります。

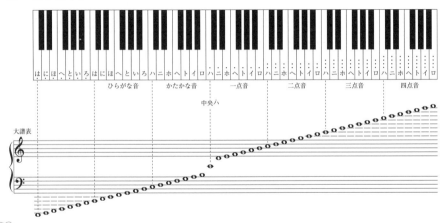

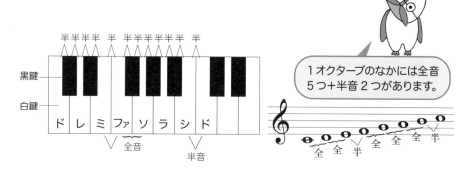

音と音の間を数えるには、「**半音**」と「**全音**」という2種類の単位があります。ミとファ、シとドのように黒鍵がなく隣り合っている音は半音です。隣り合う白鍵と黒鍵の間も半音です。ドとレ、レとミ、ファとソ、ソとラ、ラとシのように、黒鍵をはさんで隣り合っている音は全音です。つまり、「**半音＋半音＝全音**」というわけです。

全音1＝鍵盤3つ、半音1＝鍵盤2つという数え方もできます。

❷ 音名

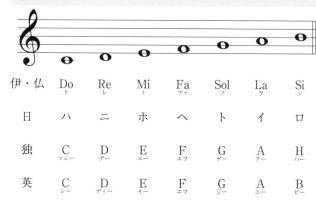

伊・仏	Do ド	Re レ	Mi ミ	Fa ファ	Sol ソ	La ラ	Si シ
日	ハ	ニ	ホ	ヘ	ト	イ	ロ
独	C ツェー	D デー	E エー	F エフ	G ゲー	A アー	H ハー
英	C シー	D ディー	E イー	F エフ	G ジー	A エー	B ビー

ドレミファソラシは、イタリアやフランスで主に使われている音名です。日本名では**ハニホヘトイロ**になります。「ハ長調」「ト短調」など、調のよび方に使われるので、覚えておきましょう。なお、英語の音名もコードネームを覚えるために知っておきましょう。

❸ 変化記号

黒鍵を楽譜の上で示すときに使うのが**シャープ ♯（嬰記号）** と**フラット♭（変記号）**です。♯は**半音高くする**記号、♭は**半音低くする**記号です。これらを**変化記号**といいます。

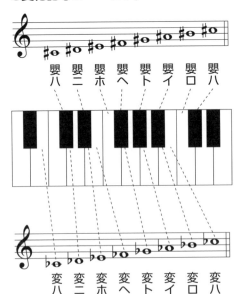

嬰ハ　嬰ニ　嬰ホ　嬰ヘ　嬰ト　嬰イ　嬰ロ　嬰ハ

左の図からわかるように、嬰ヘと変ト、嬰イと変ロなどは、名前が違っても同じ音です。これを異名同音といいます。

変ハ　変ニ　変ホ　変ヘ　変ト　変イ　変ロ　変ハ

曲の途中に出てくる変化記号を**臨時記号**といいます。♯がついていたらもとの音から半音上げ、♭がついていたらもとの音から半音下げることを表しています。それを、もとの音に戻す変化記号は**ナチュラル♮**といいます。

鍵盤図でどのように変化するか確かめてみましょう。

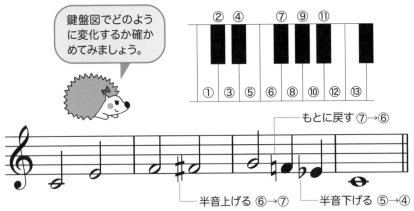

② ④　⑦ ⑨ ⑪

① ③ ⑤ ⑥ ⑧ ⑩ ⑫ ⑬

もとに戻す ⑦→⑥

半音上げる ⑥→⑦　半音下げる ⑤→④

❹ 記号と標語

■速度記号

曲全体に使われるもの		
Largo	ラルゴ	幅広くゆっくりと
Adagio	アダージョ	ゆったりと
Andante	アンダンテ	歩くような速さで
Andantino	アンダンティーノ	アンダンテよりやや速く
Moderato	モデラート	中くらいの速さで
Allegretto	アレグレット	やや快速に
Allegro	アレグロ	快速に
Presto	プレスト	急速に
部分的に使われるもの		
rit.(ritardando)	リタルダンド	だんだん遅く
accel.(accelerando)	アッチェレランド	だんだん速く
a tempo	ア・テンポ	もとの速さで
tempo rubato	テンポ・ルバート	自由に速度を加減して

速度記号は、曲を演奏するときの目安として用いられます。

■強弱記号

pp	ピアニッシモ	とても弱く
p	ピアノ	弱く
mp	メゾ・ピアノ	少し弱く
mf	メゾ・フォルテ	少し強く
f	フォルテ	強く
ff	フォルティッシモ	とても強く
cresc. または ◁	クレッシェンド	だんだん強く
decresc. または ▷	デクレッシェンド	だんだん弱く
> ∧	アクセント	とくに強く

強弱記号は、音量の程度を表す記号です。

強弱記号を意識して演奏すると、曲にメリハリがついて楽しくなりますね。

■曲想標語

brillante	ブリランテ	はなやかに
dolce	ドルチェ	やわらかに
espressivo	エスプレッシヴォ	表情豊かに
legato	レガート	なめらかに
marcato	マルカート	1音ずつはっきり強く
scherzando	スケルツァンド	おどけて

曲想とは、その曲のもっている雰囲気のことです。

レッスン 6 子どもと音楽 ③

楽譜の決まりはだいたいわかったんですが、少し複雑なものになると、読めるかどうかちょっと心配なんです。

左手の伴奏に使われる、基本的な和音を覚えておくと応用が効きやすいですよ。和音とコードネームについて勉強しましょう。

❶ 和音

　高さの異なるいくつかの音を重ねたものを「和音」といいます。まず、**3つの音**が重なった「**三和音**」と、4つの音が重なった「**七の和音**」を理解しておきましょう。

◉ **三和音**は、根音（基本形の和音の一番下の音）の上に、以下の決まりで2つの音を重ねたものです。短三和音は、長三和音の第3音が**半音低く**なったものです。

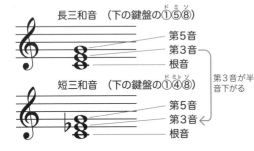

和音には基本形と転回形があるが、まずは基本形を覚えるとよい。左の和音のように楽譜上すきまなく並んでいる三和音が基本形である。基本形の一番下が根音、その上が第3音、一番上が第5音となる。

◉ **七の和音**のなかで特に、長三和音の上に短3度（全音1つ＋半音1つ）の音を重ねたものを**属七の和音**といいます。

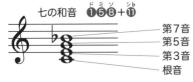

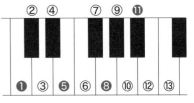

ドを根音とする基本形の三和音は鍵盤1つ飛ばしで進む。属七の和音の第7音は、1つ飛ばした音（この場合⑫）より半音下の音（この場合⑪）となる。

❷ コードネーム

コードネームとは、三和音や七の和音をアルファベットで示したものです。

◉ アルファベットは英語で読み、その和音の根音を示しています。

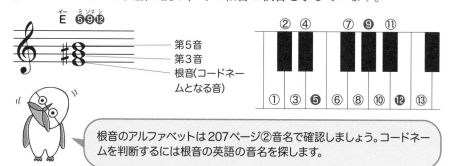

第5音
第3音
根音(コードネームとなる音)

根音のアルファベットは207ページ②音名で確認しましょう。コードネームを判断するには根音の英語の音名を探します。

◉ 長三和音は**メジャー**、短三和音は**マイナー**といいます。

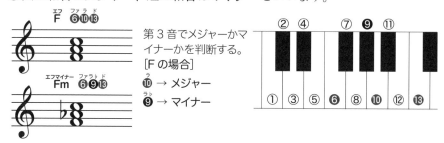

第3音でメジャーかマイナーかを判断する。
[Fの場合]
⑩ → メジャー
⑨ → マイナー

◉ 七の和音は、G₇（ジーセブン）のように「7」を付けて表します。

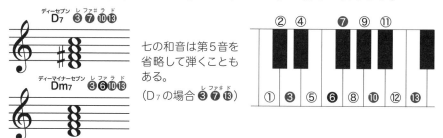

七の和音は第5音を省略して弾くこともある。
（D₇の場合❸❼⑬）

鍵盤楽器で実際に弾いてみると、メジャーは明るい感じ、マイナーはさびしい感じ。七の和音は、ちょっとおしゃれな感じがしますね！

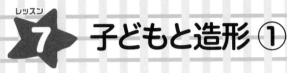

レッスン 7　子どもと造形 ①

子どもはさまざまな方法を混在させて、造形表現を楽しみます。実際に造形活動を行うつもりで、自分なりの指導方法を考えてみましょう。

❶ 造形のねらいと内容

　子どもは**自分のイメージを表現**するために、書いたり、つくったりすることを楽しみます。子どもの表現活動は、自由な発想やイメージによって楽しく繰り広げられていくことが重要です。

　保育士は、子ども一人ひとりの表現を受け止め、そのおもしろさや発想に共感し、個々の工夫を十分に認めて、子どもが**表現することの楽しさ**を味わっていけるようにします。そのためには、子どもの興味や関心がわくような動機づけや環境設定を準備することが求められます。子どもが自分で**素材**や**用具**を選んで使えるようにしたり、ときには小枝や木の実など季節感のある自然物を用意するのもよいでしょう。

　子どもはさまざまな素材の使い方を、**試行錯誤**を繰り返しながら学んでいきます。そうしたなかで、いろいろなものの美しさなどに対する**豊かな感性**、**イメージをふくらませる力**、それを**表現する力**が育まれていくのです。

❷ いろいろな素材を使った造形活動

　子どもは、水の冷たさや砂のざらざらした質感、泥のぬめりなど、さまざまな素材にふれて感触を楽しみます。乳児のころからこうした**感触を十分に味わい、諸感覚を働かせていく**ことが、子どもの感性を養っていきます。また、子どもは、それぞれの素材への関わり方や組み合わせにより、その性質

をさまざまに変化させる意外性や不思議さに、感動を覚えます。十分に素材にふれ、その特徴や特性を知ると、いろいろと工夫してみようとしたり、必要な素材や用具を求めたりします。

　自分の思ったものをつくり上げたり、友だちと一緒に1つのものをつくり上げる感動を共有したりする体験は、とても重要です。空き箱などを使った工作、紙を使った表現、**版画**などのほか、**粘土**による表現はこの時期の子どもに適しています。粘土は、ちぎったり、くっつけたり、丸めたり、延ばしたりと、いろいろな形をつくることのできる表現材料です。粘土の種類は以下のとおりです。

- ◎ **土粘土**…粘着性、**弾力性**があり、形を保持する力が強いことが特徴。水分の調節ができるので、幼児に適した硬さの状態で与えることができる。
- ◎ **油粘土**…弾力性がなく、粘着力が弱い一方、取り扱いが簡単なのでよく使用される。
- ◎ **小麦粉粘土**…立体の造形活動には適していないが、**こねくり活動**には向いているので、2〜3歳児の遊びの材料として適している。
- ◎ **紙粘土**…硬くなると再使用できないが、色を塗ることができる。

チェック　ポイント　紙による表現

❸ 造形活動のなかの絵画

　子どもは、言葉で言い表せない心のなかを絵に描いたり、ものをつくったりすることで感情を安定させ、情操を豊かにし、同時に、物事への認識や知識を深めていきます。描画能力は、以下のように発達します。

◉ **なぐりがき期**（1〜2歳半）…**錯画期、乱画期**ともよばれる。**無意識**のうちに、あるいは**手の運動によって描かれる**もので、最初は点、かたまり、縦線、横線が多い。しだいに、波形、ジグザグ、円形のものが増える。

◉ **象徴期**（2歳半〜3歳）…描いた形に名前をつけるので、**命名期、意味づけ期**ともよばれる。描線は、渦巻き状のものから1つの円になってくる。形の表現の始まりでもある。

◉ **前図式期**（3〜5歳）…ものの**特徴が描ける**ようになり、何を描いたかが他者にもわかるようになってくる。知っているものを次々と同じ画面に並べて描くので、**カタログ期**ともよばれる。**頭足人**といわれる人物画や**アニミズム表現**がみられる。

◉ **図式期**（5〜9歳）…対象をしっかり見て描くのではなく、自分のなかにある**経験を再生させて表現**する。**レントゲン表現、拡大表現、展開表現**などがみられる。空と地面を分ける**基底線**（地面）が現れる。

❖ 頭足人…頭から直接手足が出ている人物画。

❖ 基底線…地面を表す線のこと。

❖ アニミズム表現…太陽や花などに笑顔などを描き入れる。

頭足人　　　　　　基底線　　　　アニミズム表現

❖ 並列表現…個々の対象を基底線の上に横に並べて描く。

❖ レントゲン表現…外から見えないものを透視させて描く。

❖ 拡大表現…興味・関心があるものを大きく、詳しく描く。

❖ 展開表現…上から見下ろしたように、あるいはつぶれたように描く。

並列表現

レントゲン表現

拡大表現

展開表現

❹ いろいろな素材を使った絵画製作

絵画製作では主に**クレヨン**や**パス**を使います。パスはクレヨンよりも軟らかく、色ののびがよく、色を混ぜたり重ねたりしやすいという特徴があります。

塗り絵などの細かい部分を塗るには**色鉛筆**が適しています。水彩絵の具は、水で溶く加減が難しいので、保育士があらかじめ適当な濃さにしておきます。

■ 絵画の表現技法

はじき絵 （バチック）	クレヨン（またはパス）で絵を描き、その上から絵の具を塗ると、クレヨンの部分が絵の具をはじいて、クレヨンの絵の部分が目立つ。
フィンガー **ペインティング**	のり状の絵の具を指につけ、直接画面になすりつけて描く。
型押し （スタンピング）	野菜の輪切りや木の葉などに絵の具をつけ、紙に押しつけて形を写す版画の一種。
こすり出し （フロッタージュ）	でこぼこしたものの上に紙を置いてクレヨンなどでこすると、その模様が浮き出てくる。
ひっかき絵 （スクラッチ）	クレヨンなどで画用紙をいろいろな色で塗りつぶし、さらにその上を黒いクレヨンで塗りつぶす。それを割り箸などで引っかくと、引っかいた線に沿って下の色が浮かび上がってくる。
合わせ絵 （デカルコマニー）	半分に折った画用紙の片側に絵の具をたらし、紙を折り合わせて開くと、左右対称の作品になる。
吹き流し （ドリッピング）	画用紙の上に水で溶いた絵の具を落として、ストローで吹き広げる。
貼り絵 （コラージュ）	紙や布を切り抜いて組み合わせ、紙などに貼りつけた絵。
墨流し （マーブリング）	洗面器に水を入れ、水面に墨汁や水彩絵の具を浮かべて、紙（和紙）をかぶせ、模様を写し取る。

レッスン

8 子どもと造形 ②

絵画指導をするうえで、色彩についての知識を備えておきましょう。思い描くイメージを表したり、効果的に表現するためには専門的な色彩のメカニズムが助けになるのです。

❶ 色彩の基礎知識

色にはどんな種類があるのか、色にはどんな仕組みがあるのか、その分類のしかたをみてみましょう。

◉無彩色と有彩色

　無彩色…白・黒・灰色（**色みのない色**）

　有彩色…無彩色を除いたほかのすべての色（**色みのある色**）

　色には、色相、明度、彩度という三要素があります。

■色の三要素（三属性）

色相	色の種類のこと。色合いともいう。
明度	色の明るさの度合い。明度が一番高いのが白、一番低いのが黒。
彩度	色の鮮やかさの度合い。 純色…にごりのない鮮やかな色。 清色…純色に白または黒を混ぜた色。純色よりも彩度が低くなる。 濁色…純色に灰色を混ぜた色。

絵の具は、ほかの色と混ぜるほど鮮やかさがなくなっていきます。

色相は、**暖色**（**明るく暖かい感じ**の色）、**寒色**（**暗く、冷たい感じの**色）、**中性色**（暖色、寒色**どちらでもない中間**の色）に分けられます。

❷ 色の対比

右の図で、**正反対に位置する色**同士を**補色**といいます。補色とは一番目立つ（対照的でコントラストが強い）色の組み合わせです。明度の違う2色を並べると、明るいほうの色はより明るく、暗い色はより暗く見えます。配置によって、どんな効果があるかを観察してみましょう。

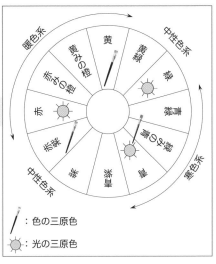

❸ 色（色料）の三原色・光（色光）の三原色

原色とは、**混ぜてつくれない色**のことです。

色（色料）の三原色は、**赤紫・黄・緑みの青**（一般的には赤・黄・青）。

この3色を混ぜると黒に近い無彩色になります。このように混合するほど暗い色になることを**減算混合**（減法混合）といいます。

光（色光）の三原色は、**黄みの赤・緑・紫みの青**（一般的には赤・緑・青）。

この3色を混ぜると白昼光色、つまり無彩色となります。このように混合するほど明るくなることを**加算混合**（加法混合）といいます。

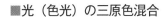

■色（色料）の三原色混合　　　　■光（色光）の三原色混合

光の三原色、赤（R）緑（G）青（B）の加算混合の仕組みは、舞台照明やテレビなどに利用されています。

レッスン 9 子どもと言語

子どもの言語の育ちについては、子どもの発達過程（第6章）でもふれましたね。ここでは、保育所の生活のなかでの言語指導のポイント、教材の選び方や伝え方を理解していきましょう。

❶ 言語指導のねらいと内容

　幼児期の言語指導は、**音声言語（話し言葉）**が中心です。**自分の気持ちを言葉で表現**できるよう導くと同時に、**相手の話す言葉を聞こうとする態度を**育てることが必要です。

　乳幼児期には、**言葉を交わす楽しさ**が十分に味わえるようにしていくことが重要です。保育士には、子どもが言葉や表情で表した気持ちをしっかりと受け止め、それに応えることが求められます。応答による心地よさ、うれしさが、言葉を獲得するうえでの基盤となって、子どもはさらに自分の気持ちを伝えたり、聞くことへの意欲を高めます。相手の言葉を聞く態度は、「聞き

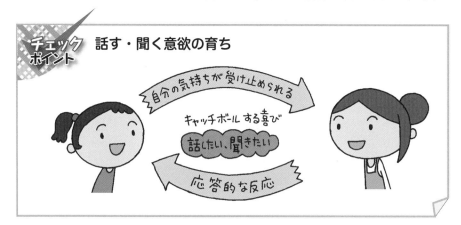

チェックポイント　話す・聞く意欲の育ち

自分の気持ちが受け止められる

キャッチボールする喜び

話したい、聞きたい

応答的な反応

なさい」と押しつけられることでは育まれません。**伝え合う喜びを味わうこ**とがベースにあることを、よく理解しておきましょう。

❷ 豊かな言葉の世界をもたらす

子どもは**気に入った言葉**が見つかると繰り返し使ってみたり、**響きのおもしろい言葉**を見つけると、友だちと一緒に言いながら笑い合ったりします。保育士は、生活のなかで、**子どもが言葉に親しむことのできる環境**を整えるとともに、日ごろから言葉への感覚を豊かにもつことが望まれます。また、子どもが美しい、おもしろい、楽しいと感じていることに気づく感受性の豊かさも必要です。

子どもの**興味や好奇心を満たす**ような絵本や詩や歌などを通し、言葉の世界を味わいながら、子どもが言葉への豊かな感覚を身につけていくことができるようにしていきます。また、子どもは、ふだんの生活のなかで言葉を獲得していくので、保育士の日常の言葉づかいが子どもに大きな影響を及ぼします。

子どもと接する際は、次の点に配慮します。

1）正しく、美しく、心のこもった言葉を使う。
2）自然に、しかし意識して話す。
3）**子どもの人格**を認めて接する。
4）子どもが幼児語や間違った言葉を使ったときに**無理に言い直させたりしない**。保育士が応答するときに、正しい言葉や発音を返すようにする。

チェックポイント　使ってみたくなる言葉に出会う

おもしろい語感の言葉は使ってみたくなる

ルリルラミラクル…

ジュゲム ジュゲム ゴコウノ スリキレ…

❸ 童話・絵本の選び方

童話の選び方のポイントには「子どもが興味や関心をもつもの」「教育的にすぐれているもの」があります。また、**リズム**がある、セリフや語に**反復**がある（例：「大きなかぶ」）、子どもに**親しい事物**が登場することなども大切です。

絵本は、保育士自身が感動し、楽しめる本を選び、**心をこめて読み聞かせる**ことが重要です。十分に吟味した絵本は、いつでも**子どもの手の届くところ**に備えておきます。

❹ そのほかの教材

ペープサートとは、「ペーパー・パペット・シアター」がつまってできた言葉で、直訳すると「紙の操り人形劇場」となります。

> 表と裏の絵が違うことを利用して、表現を工夫することができます。

パネルシアターとは毛羽立ちのある布地を貼った**パネル**に、ざらざらした**不織布でつくった絵人形や背景**を、取ったり貼ったり、動かしたりしながら、物語や歌遊びを展開していく表現方法のことです。パネルと不織布は互いに付着し合うので、簡単に取り外しができます。

ハリきって トライ！

○×問題・穴うめ問題

1

○× **❶** 指導計画は「保育所保育指針」に定められている。

2

○× **❷** 「保育所保育指針」の「指導計画の展開」の留意事項では、「子どもの主体的な活動を促すためには、保育士等が多様な関わりをもつことが重要であることを踏まえ、子どもの情緒の安定や発達に必要な豊かな体験が得られるよう援助すること」とされている。

3

○× **❸** 施設養護の最終的な目標は、健やかな成長とその自立である。

○× **❹** 保育士には、機能訓練と学びを統合することが求められる。

4

○× **❺** 日本のわらべうたは、すべて2音でできている。

○× **❻** マーチは3拍子、ワルツは2拍子の曲である。

5

○× **❼** rit. は、だんだん遅く、という意味である。

穴うめ **❽** ♯は半音（ A ）、♭は半音（ B ）する記号である。

穴うめ **❾** cresc. は（ A ）という意味の記号である。

6

○× **❿** コードネームDをイタリア音名で表すと、レファ♯ラでメジャーコードである。

7

○× **⓫** 頭足人がみられるのは、図式期である。

8

○× **⓬** 「黄」は、色の三原色の一つであるが光の三原色の一つではない。

穴うめ **⓭** 青緑色の背景の舞台に飾った、赤いチューリップがとても目立つのは（ A ）対比による。

9

○× **⓮** 子どもが間違った言葉を使ったときには無理に言い直しをさせず、保育士が応答するときに正しい言葉や発音を返す。

〜〜〜〜〜〜〜〜〜〜〜〜〜〜〜〜〜 **答え** 〜〜〜〜〜〜〜〜〜〜〜〜〜〜〜〜〜

❶ × 各保育所の保育の方針や保育目標に基づいて作成する　**❷** ○　**❸** ○　**❹** × 学びではなく遊び　**❺** × 音階の4番目と7番目の音を除いた音でできている　**❻** × マーチは2拍子あるいは4拍子、ワルツは3拍子である　**❼** ○　**❽** （A）高く（B）低く　**❾** （A）だんだん強く　**❿** ○　**⓫** × 図式期ではなく、前図式期である　**⓬** ○　**⓭** （A）補色　**⓮** ○

MEMO

「合格したい！」をサポートする

2025（令和7）年 保育士 試験対策書籍

はじめてレッスン
初受験でも
ブランクのある人も、
読んで楽しい入門書

実技試験合格ナビ
筆記試験に合格したら…
実技試験3分野の攻略ポイントが
わかる対策書
（2025年4月発刊予定）

学習進度に合わせて使える便利なラインアップ

速習テキスト（上・下）
全9科目の重要・頻出テーマを
2分冊にした
「ロングセラー参考書」
（2024年8月発刊予定）

過去＆予想問題集
これ一冊で合格
ラインを超える！
過去問と予想模試が
合体した問題集

一問一答＆要点まとめ
新書判でサクサク総点検
事例形式も練習できる
マルバツ式問題集
（2024年10月発刊予定）

※2024年6月現在。書名・発刊月・カバーデザイン等変更になる可能性がございます。

 ユーキャン資格本アプリ

App Store/Google Playでリリース中！
詳しくはこちら（PC・モバイル共通）
http://www.gakushu-app.jp/shikaku/

◆ **2025年版 保育士 一問一答＆要点まとめ**

2024年10月追加予定

『ユーキャンの保育士これだけ！一問一答＆要点まとめ』のアプリ版です。
復習帳機能、小テスト機能などアプリならではの便利な機能も盛りだくさん。

●法改正・正誤等の情報につきましては、下記「ユーキャンの本」
ウェブサイト内「追補（法改正・正誤）」をご覧ください。
https://www.u-can.co.jp/book/information
●本書の内容についてお気づきの点は
・「ユーキャンの本」ウェブサイト内「よくあるご質問」をご参照ください。
https://www.u-can.co.jp/book/faq
・郵送・FAXでのお問い合わせをご希望の方は、書名・発行年月日・お客様の
お名前・ご住所・FAX番号をお書き添えの上、下記までご連絡ください。
【郵送】〒169-8682 東京都新宿北郵便局郵便私書箱第2005号
　　　　ユーキャン学び出版 保育士資格書籍編集部
【FAX】03-3378-2232
◎より詳しい解説や解答方法についてのお問い合わせ、他社の書籍の
記載内容等に関しては回答いたしかねます。
●お電話でのお問い合わせ・質問指導は行っておりません。

執筆協力　　千葉市立誉田保育所

2025年版 ユーキャンの保育士 はじめてレッスン

2013年11月29日　初　版　第1刷発行
2024年7月26日　第12版　第1刷発行

編　者　　ユーキャン 保育士試験研究会

発行者　　品川泰一
発行所　　株式会社 ユーキャン 学び出版
　　　　　〒151-0053
　　　　　東京都渋谷区代々木1-11-1
　　　　　Tel 03-3378-1400

編　集　　株式会社 桂樹社グループ

発売元　　株式会社 自由国民社
　　　　　〒171-0033
　　　　　東京都豊島区高田3-10-11
　　　　　Tel 03-6233-0781（営業部）

印刷・製本　　望月印刷株式会社